TRABALHO ESCRAVO

Caracterização jurídica

1ª edição — outubro, 2014
2ª edição — março, 2017
3ª edição — dezembro, 2020
4ª edição — março, 2024

AUTORIA
JOSÉ CLAUDIO MONTEIRO DE BRITO FILHO

LTr®

TRABALHO ESCRAVO

Caracterização jurídica

4ª EDIÇÃO
2024

LTr Editora Ltda.

Rua Jaguaribe, 571
CEP 01224-003
São Paulo, SP — Brasil
Fone (11) 2167-1101
www.ltr.com.br
Março, 2024

Produção Gráfica e Editoração Eletrônica: GRAPHIEN DIAGRAMAÇÃO E ARTE
Projeto de Capa: DANILO REBELLO
Impressão: META BRASIL

versão impressa — LTr 6449.4 — ISBN 978-65-5883-293-5
versão digital — LTr 9911.4 — ISBN 978-65-5883-294-2

Dados Internacionais de Catalogação na Publicação (CIP)
(Câmara Brasileira do Livro, SP, Brasil)

Brito Filho, José Claudio Monteiro de

Trabalho escravo : caracterização jurídica / José Claudio Monteiro de Brito Filho. — 4. ed. — São Paulo : LTr Editora, 2024.

Bibliografia.
ISBN 978-65-5883-293-5

1. Trabalho escravo 2. Trabalho escravo — Brasil I. Título.

24-195670 CDU-34:331(81)

Índices para catálogo sistemático:

1. Brasil : Trabalho escravo : Direito do trabalho
34:331(81)

Tábata Alves da Silva — Bibliotecária — CRB-8/9253

Dedico este livro, como sempre e
com o mesmo amor, aos meus filhos, Luis Antonio e João Augusto.
Para eles — e por causa deles — os meus êxitos.

Dedico, também, de forma especial, e mais uma vez,
ao meu irmão Luis Antonio, como poucos,
um homem digno e de firmeza moral inabalável.

Sumário

Apresentação da 4ª Edição

A ideia de justiça como equidade pressupõe a estrutura básica da sociedade como objeto principal da justiça. Essa noção se revela pela forma como as principais instituições sociais distribuem os direitos e os deveres fundamentais, assim como determinam a divisão das vantagens decorrentes da cooperação social.

Essa ideia é primordial para compreender, no âmbito do liberalismo igualitário, a perspectiva de que as bases expoentes que sustentam esse modelo de pensamento jamais poderiam ser rotuladas como referências meramente individuais, na medida em que a proteção do indivíduo é o pilar de uma sociedade dita cooperativa, ou seja, de bem comum.

Esse viés torna possível afirmar que as regras e princípios do acordo político demonstram, portanto, se uma sociedade proporciona um contexto de cooperação apto ao desenvolvimento humano, mediante concretização de direitos essenciais, ou ditos fundamentais que, em última análise, são o exato rascunho de um plano ideal de Estado Democrático inclinado a tutelar igual respeito e igual consideração por todos.

Dessa forma, a proteção das liberdades do indivíduo é, possivelmente, um dos pontos mais relevantes que justificam a organização do Estado. A leitura dessas liberdades não deve, no entanto, limitar-se à leitura das liberdades civis, buscando-se um patamar mais abrangente dos direitos fundamentais, admitindo-se que o indivíduo racional e livre é, necessariamente, aquele capaz de exercer escolhas em busca de seus planos racionais de vida.

O Brasil, lamentavelmente, está distante de se inserir nessa perspectiva igualitária, o que pode ser comprovado não apenas pelos absurdos índices de disparidades econômicas e sociais, como também pela ineficiência de combate às violações de liberdade mais singelas, como o trabalho escravo, figurando a condenação do Estado Brasileiro no caso Fazenda Brasil Verde, em sentença proferida pela Corte Interamericana de Direitos Humanos (paradigma no assunto) como um emblema de nossa nação.

O livro do Professor José Claudio Monteiro de Brito Filho aglutina a densidade necessária no tratamento dessas questões, não abdicando de um estilo didático e objetivo, sempre marcante em seus textos, possibilitando uma compreensão abrangente da temática, dissecando, adequadamente o tipo penal, para provocar uma reflexão crítica sobre os modos de execução da figura delitiva e do cenário brasileiro no enfrentamento desse fenômeno.

O autor, Doutor em Direito das Relações Sociais, com estágio de pós-doutorado, é vice-coordenador do Programa de Pós-Graduação em Direito do Centro Universitário do Estado do Pará (CESUPA), onde também atua como Professor dos cursos de graduação, especialização, mestrado e doutorado em Direito. Tem longa e inquestionável experiência acadêmica, já tendo orientado dezenas de especialistas, mestres e doutores em Direito, aos quais tive o prazer, a satisfação e a honra de integrar o percentual. Sua vasta produção na área do ensino e da pesquisa das teorias da justiça, do trabalho decente e do trabalho escravo é um marco, impulsionando e influenciando inúmeros outros pesquisadores ao desenvolvimento desses campos, como frisado.

O texto tem inegável organização metodológica, o que proporciona uma leitura agradável e acessível. As reflexões práticas tornam a obra uma referência na temática, o que pode ser evidenciado pela sua publicação na 4ª edição, com demonstração notória de impactação científica aferida em todas as bases de dados, sugerindo forte influência no pensamento jurídico contemporâneo.

Belém, fevereiro de 2024.

Homero Lamarão Neto

Doutor em Direito pela UFPA
Professor Permanente do PPGD-CESUPA
Juiz de Direito — TJPA

Apresentação da 3ª Edição

Impossível não se envaidecer por prefaciar um livro do Prof. José Claudio Monteiro de Brito Filho, jurista do mais alto gabarito no mundo jurídico brasileiro, notadamente na área do Direito do Trabalho e Filosofia Política.

Fora isso, fico ainda mais orgulhosa por apresentar um livro cuja temática representa não apenas uma dissertação sobre uma questão jurídica. Mais do que isso, a obra ora prefaciada é um manifesto de resistência e apoio doutrinário indispensável para aqueles que atuam no combate ao trabalho escravo.

O tema por si só já é fascinante, porém, diferentemente do que muitos podem vir a imaginar, o assunto não se resume ao mundo teórico. A questão escravista no Brasil (e no mundo) ainda é muito presente, sendo certo que cotidianamente nos deparamos com manchetes de jornais reportando o resgate de determinado grupo de pessoas trabalhando em condições análogas à escravidão.

Dados do Governo Federal mostram que, desde 1995, quando começaram as ações efetivas de combate ao trabalho escravo, já foram resgatados mais de 50 mil trabalhadores nesta condição. Apenas em 2019, segundo recente relatório apresentado pela Secretaria Especial de Previdência e Trabalho, órgão ligado ao Ministério da Economia, 111 estabelecimentos fiscalizados foram flagrados com este tipo de atividade, resultando no resgate de 1.054 trabalhadores.

O Ministério Público do Trabalho (MPT) possui, atualmente, mais de 1,7 mil procedimentos de investigação da prática de aliciamento e tráfico de trabalhadores.

Outro ponto que chama atenção, é que as denúncias contra esse tipo de exploração vêm aumentando a cada ano. Em 2018, por exemplo, foram 1.127, ao passo que em 2019, o total de denúncias foi de 1.213, de acordo com dados do próprio MPT.

Fica evidente, portanto, que o tema relativo ao trabalho escravo no Brasil é algo bastante presente e ainda muito distante da sua resolução.

No entanto, na contramão dessa realidade, infelizmente, observamos que o atual Governo Federal e determinados setores do parlamento brasileiro, a chamada bancada ruralista, vêm buscando alternativas para arrefecer o combate a esta nefasta prática.

São diversas as manifestações públicas do atual mandatário do Poder Executivo Federal criticando a legislação que trata do assunto, notadamente o art. 243 da Constituição da República Federativa do Brasil, na redação que lhe foi dada pela Emenda Constitucional n. 81/2014, a qual passou a possibilitar a expropriação de propriedade em que for detectada a exploração de trabalho escravo, destinando-as à reforma agrária e a programas de habitação popular, sem direito a qualquer indenização ao proprietário, sujeitando-o, ainda, às demais sanções previstas em lei, inclusive na seara criminal.

Segundo o gestor, isso representa um entrave ao desenvolvimento econômico do país, na medida em que afastaria investimentos estrangeiros, dado a uma suposta insegurança jurídica decorrente das ações de fiscalização.

É exatamente por conta desse tipo de pensamento, que vem se alastrando em diversos setores da sociedade brasileira, que me reportei acima que a presente obra também representa um movimento de resistência, em cuja linha de frente sempre estiveram as principais cabeças pensantes do país.

Os principais heróis da abolição também tiveram que lutar contra uma classe política conservadora e anacrônica. Agora, não seria diferente.

O livro do Prof. José Claudio contempla as principais discussões jurídicas a respeito da caracterização do trabalho escravo, colocando-o como uma verdadeira antítese do trabalho decente, sob o prisma não apenas da legislação brasileira, como também de instrumentos normativos internacionais.

A partir das lições apresentadas nesta obra será possível identificar os meios típicos que caracterizam o trabalho escravo contemporâneo, os quais vão desde a privação da liberdade, restrição de locomoção por dívida, jornada exaustiva, até condições degradantes de trabalho.

Além disso, é feita profunda e completa análise da repercussão criminal da caracterização do trabalho escravo, em especial do art. 149 do Código Penal Brasileiro, analisando-se os bens jurídicos por ele tutelados, bem como as formas de aplicação e aumento de pena.

Importa destacar que, para o autor, o dispositivo legal em questão, protege além da liberdade de locomoção, a dignidade da pessoa humana, na esteira do entendimento filosófico adotado por Immanuel Kant, segundo o qual todo ser humano é um ente racional, dotado, portanto, de dignidade, bem jurídico violado quando uma pessoa é submetida ao trabalho escravo.

Enfim, um manual completo não apenas para aquelas pessoas que tenham interesse em estudar o assunto, como também (e sobretudo) para os agentes que tentam combater essa prática (membros do Ministério Público, Juízes etc.).

Da minha parte, a utilização desta obra foi fundamental para elaboração de minha tese de doutorado junto à Universidade de Salamanca, na Espanha, oportunidade em que pude apresentar a uma plateia composta por juristas de vários países europeus os contornos do trabalho escravo no Brasil, sendo o livro do Prof. José Claudio um dos marcos teóricos do meu trabalho.

Por tudo o que foi acima evidenciado é que recomendo a leitura deste livro, tão necessário para enriquecer os debates sobre o assunto, pois, passados mais de 130 anos após a abolição da escravatura no Brasil, ocorrida em 13 de maio de 1888, ainda não conseguimos nos desacorrentar de um passado nefasto e vergonhoso, em que seres humanos eram (e ainda são) tratados como mercadorias.

Vanessa Rocha Ferreira

Doutora em Direitos Humanos pela Universidade de Salamanca
Professora do Curso de Direito do Centro Universitário do Pará (CESUPA)
Auditora do Tribunal de Contas do Estado do Pará (TCE-PA)

Apresentação da 2ª Edição

É com grande honra e alegria que prefacio a obra do Professor Doutor José Claudio Monteiro de Brito Filho, amigo dileto, que reputo como um dos principais, se não o principal, autor brasileiro a estudar o trabalho escravo contemporâneo, com profundidade e conhecimentos, tanto teóricos, quanto fáticos, estes adquiridos quando de sua atuação no Ministério Público do Trabalho da 8ª Região, em que participou, *in loco*, de operações de combate a ele.

Não me parece natural, após toda a evolução da humanidade, em pleno século XXI, ainda haver trabalho escravo no Brasil e em outros países, pois acreditava que as grandes transformações sociais, econômicas e tecnológicas possibilitariam a elevação do patamar civilizatório, de forma irreversível.

Todavia, a estrutura do mercado de trabalho, mormente a partir dos anos 90, teve, como principais consequências, segundo José Eduardo Faria: o aumento do "fosso" entre ganhos das várias categorias de empregados e a condenação ao desemprego crônico dos menos qualificados, proporcionando, tanto o enfraquecimento das demandas operárias e de seus sindicatos, quanto o esvaziamento dos modelos sociais democratas de transformação social e política.

Em que pese tenha havido crescimento nesse período, constatou-se o fenômeno conhecido como *jobless growth* (crescimento sem emprego), que vem se repetindo desde 2002, tendo-se buscado compensar o desemprego, o subemprego e a exclusão social por meio de vigorosas políticas assistenciais.

Essas consequências são mais sentidas nos países periféricos, incluídos todos os países da América Latina e tornando "letra morta" o Direito ao desenvolvimento e ao trabalho digno.

Nesse ponto, cabe referir a profunda colaboração de José Claudio, nesta e em outras obras de sua lavra, para a compreensão da caracterização jurídica do trabalho escravo, tanto nos planos do Direito Penal e do Trabalho, quanto no âmbito administrativo, nos termos do disposto no art. 7º do Pacto Internacional de Direitos Econômicos, Sociais e Culturais, ratificado pelo Brasil em 24 de janeiro de 1992 e vigente em nosso ordenamento jurídico desde 24 de abril do mesmo ano.

O autor partiu do conceito de trabalho decente, por ele construído e dissecado em obra anterior, a saber:

> "(...) é um conjunto mínimo de direitos do trabalhador que corresponde: ao direito do trabalho, à liberdade de trabalho, à igualdade no trabalho; ao trabalho com condições justas, incluindo a remuneração, e que preservem sua saúde e segurança, à proibição do trabalho infantil; à liberdade sindical; e à proteção contra os riscos sociais".

A partir desse conceito, concluiu, então, ocorrer trabalho escravo quando houver a negação desses direitos básicos. Fez uma ampla revisão dos instrumentos normativos internacionais e passou a enfrentar a sua caracterização no Brasil, a partir do art. 149 do Código Penal, mas não limitada a ele.

Ponto de grande relevância da obra que ora se prefacia, cuja discussão, infelizmente, ainda não restou superada pela jurisprudência, é a desnecessidade de existência de restrição de locomoção para que se caracterize o trabalho escravo.

Dentre outras decisões, o autor cita o Inquérito n. 2.131 do STF, no qual a argumentação jurídica utilizada no julgamento de um caso concreto, por diferentes ministros do Supremo Tribunal Federal em relação à mesma hipótese fática, qual seja, a redução de trabalhadores à condição análoga à de escravo, evidencia que há um discurso dominante no sentido de ser ele natural na zona rural, mais especificamente, nos rincões da Amazônia brasileira, que, muitas vezes, prevalece e que tem raízes profundas em nossa sociedade.

O caso iniciou após a uma fiscalização realizada pelo Grupo Móvel do Trabalho Escravo, a partir de uma denúncia da Pastoral da Terra, no Município de Piçarra, no Estado do Pará, quando os fiscais constataram, na Fazenda Ouro Verde, de propriedade do então Senador da República, já falecido, João Ribeiro, a presença de trabalhadores reduzidos à condição análoga à de escravos, inclusive um menor.

Na instância administrativa, foram lavrados, pela então DRT, atual SRTE — Secretaria de Trabalho e Emprego do Ministério do Trabalho e Emprego, diversos autos de infração, que culminaram com a aplicação de multas, as quais foram contestadas administrativamente.

Na instância trabalhista (Processo n. 00611-2004-118-08-00-2), no 1º Grau de jurisdição (Vara do Trabalho de Redenção), foram estabelecidas diversas obrigações de fazer e de não fazer, com destaque à obrigação de abster-se de exigir trabalho forçado de seus empregados, à de abster-se de aliciar trabalhadores, diretamente ou através de terceiros de um local de trabalho para outro do território nacional e à de abster-se de coagir e induzir seus empregados a utilizarem armazém ou serviços mantidos pela fazenda e de impor sanção aos trabalhadores decorrentes de dívida (*truck system*). Além disso, houve condenação por dano moral coletivo, no importe de R$760.000,00, a reverter ao FAT e foi declarada a indisponibilidade de bens do Senador.

Na 2ª Turma do TRT da 8ª Região, à qual foi distribuído o recurso do senador João Ribeiro, a decisão não foi mantida em sua integralidade. Com efeito, por maioria, foram excluídas da condenação: 1) a obrigação de abster-se de exigir trabalho forçado de seus empregados, pois a maioria da Turma entendeu que não havia trabalho forçado porque era permitido o deslocamento e em razão de os valores a título de dívidas serem facilmente quitáveis; 2) de abster-se de aliciar trabalhadores, diretamente ou através de terceiros de um local de trabalho para outro do território nacional, porque a maioria turmária entendeu não provado o aliciamento; e 3) de abster-se de coagir e de induzir seus empregados a utilizarem armazém ou serviços mantidos pela fazenda e de impor sanção aos trabalhadores decorrentes de dívida (*truck system*), porque a maioria entendeu que apesar de a reclamada mandar comprar mercadorias para as revender aos trabalhadores, cobraria preços módicos, de tal forma que não ficavam endividados. A condenação a título de indenização por dano moral coletivo foi reduzida para R$ 76.000,00, a reverter ao FAT (10% da condenação originária). A declaração de indisponibilidade de bens foi excluída, tendo sido mantido, apenas, o bloqueio do novo valor da indenização.

O TST não conheceu do recurso do Ministério Público do Trabalho por entender que o acórdão reiteraria a ocorrência de trabalho análogo à de escravo e penalizaria o empregador, decisão esta que foi comemorada pelo Senador João Ribeiro como uma confirmação de sua inocência (disponível em: http://reporterbrasil.org.br/2011/03/tst-confirma-escravidao-na-fazenda-do-senador-joao-ribeiro/. Acesso em: 12 ago. 2014 às 18:43), o que é perfeitamente compreensível, face à flagrante redução da condenação.

Isso é revelado até mesmo na decisão do STF, pois os Ministros tiveram o cuidado de referir que, apesar de o TRT da 8ª Região não ter reconhecido a existência de trabalho escravo, dever-se-ia distinguir a independência das instâncias trabalhista e penal, de forma que não haveria óbice ao exame da responsabilidade penal dos acusados, em razão da independência das instâncias e do fato de o denunciado ser, então, um senador da República, detentor, portanto, de foro privilegiado, pois, se não envolvesse senador da República, o caso teria sido submetido à Justiça Federal comum.

Merecem especial destaque os votos dos Ministros Ellen Gracie e Gilmar Mendes, que permitem que se perceba que o conceito de trabalho escravo comporta uma série de dúvidas e de problemas, que passarei a analisar, com apoio na teoria da argumentação jurídica de MacCormick.

Esclareço que não há problemas de pertinência ou relevância, na medida em que é por todos reconhecida a existência de norma aplicável ao caso: o art. 149 do CP. Todavia, há problemas de interpretação da norma, que admite mais de uma leitura, como se passa a demonstrar.

O Ministro Gilmar Mendes entende que o bem jurídico tutelado pela norma não é a relação de trabalho, ou seja, agressões aos direitos trabalhistas, as quais, para ele, podem e devem ser punidas administrativamente, bem como podem ensejar o pagamento de indenizações. Em sua opinião, o tipo penal em exame tutela a liberdade individual, o direito de ir e vir, que, se preservado, como entende que foi no caso concreto, não importa a subsunção à norma descrita no art. 149 do CP.

A Ministra Ellen Gracie, por sua vez, defende que, ao ampliar o rol de condutas amoldadas ao crime de redução à condição análoga à de escravo, alterando o art. 149 do CP, a Lei n. 10.803/2003 visou reprimir os atentados ao princípio da dignidade da pessoa humana na vertente do direito à liberdade e do direito ao trabalho digno, entendendo, como condições degradantes de trabalho, as que afetam a dignidade da pessoa do trabalhador, colocando em risco a sua saúde e a sua integridade física.

Há problemas de classificação ou qualificação dos fatos, pois se discute se integram ou não um caso que possa ser subsumido no caso concreto da norma, na medida em que, o mesmo conceito (trabalho em condições análogas à escravidão) aparece na hipótese de incidência da norma (Min. Ellen Gracie) e no relato dos fatos que não são tidos como subsumidos à norma (Min. Gilmar Mendes).

Destacam-se, ainda, problemas de provas, que, da mesma forma que os de qualificação, afetam a premissa fática, na medida em que os votos revelam incerteza acerca dos fatos tidos como provados.

A título de exemplo, pode-se citar que a Ministra Ellen Gracie considerou, como provas relevantes, as péssimas condições de alojamento, de fornecimento de água, as jornadas superiores a 10 (dez) horas diárias e a ausência de repouso semanal remunerado. Já o Ministro Gilmar Mendes entendeu que: "As condições de vida de regiões paupérrimas do Brasil repetem-se nas condições de trabalho, e não é razoável qualificá-las de criminosas por esta exclusiva razão, como quer o relatório de fls. 22-56".

Portanto, na seara da argumentação jurídica, o caso ora analisado pode ser tido como um caso difícil, entendendo-se como tais, segundo MacCormick, aqueles em que haja dúvidas, em que não haja uma lei ou um precedente pelo qual, claramente, possa ser deduzida a decisão judicial, por mera subsunção do fato à norma, de modo que impõem que, ao raciocínio silogístico, acrescente-se o argumentativo.

No voto da Ministra Ellen Gracie, percebe-se, de forma clara, a construção a partir dos princípios, com destaque ao da dignidade da pessoa humana. Refere-se, ainda, ao fato de o trabalho escravo contrariar os objetivos fundamentais da República brasileira, expressos no art. 3º, da CRFB/88. Cita a legislação infraconstitucional, em especial o art. 149 do CP, para, à luz das disposições constitucionais e na análise das provas dos autos, concluir pelo recebimento da denúncia, podendo-se afirmar haver coerência normativa.

A consequência ou argumento consequencialista leva em consideração as consequências da solução argumentativa, que, dada a universalidade, deve servir de precedente a casos futuros.

Percebe-se, também, argumentos consequencialistas que se seguem logicamente da decisão, quando, rebatendo a argumentação do denunciado João Ribeiro, no sentido de que a realidade da população local é aquela dos trabalhadores que foram encontrados em sua fazenda, afirma que a lei que deu nova redação ao art. 149 do CP, ampliando a sua abrangência, não visa a combater e a erradicar a pobreza e as desigualdades sociais, mas sim a servir de instrumento, na esfera legislativa, de combate a essa exploração.

No voto do Ministro Gilmar Mendes não há coerência normativa, pois, ao avaliar os fatos, ignora, por completo, que o legislador constituinte de 1988 erigiu, como fundamento da República, a dignidade da pessoa humana.

Ademais, sua argumentação consequencialista tem forte sentido utilitarista e consequências probabilísticas que não se seguem, logicamente, da aceitação da interpretação em análise, como revela o seguinte trecho: "Se não há cerceamento da liberdade de ir e vir, e se o cidadão pode optar por estar ou não vinculado àquela relação de trabalho, como inferir, desse contexto, que há redução à condição análoga à de escravo por interpretação exógena – e naturalmente paternalista —, que escolhe qual conduta deve ser demonstrada ou aguardada?" (p. 23).

Em inúmeros trechos, o Ministro desqualifica o Relatório do Grupo Móvel, que afirma estar "contaminado por um discurso panfletário que salta aos olhos" (p. 7) e que diz perder-se "em um discurso político-ideológico de afirmação da existência de um neoescravagismo, ao talante dos servidores que o assinam." (p. 8).

Ademais, disse o Ministro Gilmar, ao se referir ao trabalhador menor de idade resgatado:

> "Focando os problemas e não apenas as violações, há que se indagar: Qual alternativa a sociedade ou o Poder Público oferecem aos jovens do campo? Mas

não é só. No caso em apreço, após a autuação, o que fizeram as autoridades públicas (do trabalho, do município), o Ministério Público? O jovem Edvaldo foi encaminhado para algum programa de assistência? Foi a ele assegurado ingresso em alguma escola regular ou curso profissionalizante? Seria muito interessante levantar a trajetória deste jovem após a sua "liberdade" da referida fazenda." (p. 36).

O argumento do Ministro Gilmar coincide, claramente, com a tradição utilitarista, sem levar em conta os valores e os fins a que se propõe nosso ordenamento jurídico, a ponto de ele afirmar que:

> "Não se resolve o analfabetismo, a miséria, a falta de oportunidades com regras proibitivas, como se o homem do campo – e por que não o jovem do campo – tivesse alternativa para se manter." (p. 36)

Desse modo, é possível perceber nos votos dos Ministros Ellen Gracie e Gilmar Mendes considerações morais, éticas e pragmáticas (por vezes até econômicas), como se exemplifica abaixo:

Ellen: considerações éticas e morais

> "(...) a persistência de trabalho escravo no Brasil representa a contrariedade aos objetivos fundamentais da República brasileira, expressos no art. 3º, da Constituição Federal" (p. 17).
>
> "A atual redação do art. 149, do Código Penal, veio a buscar atender o compromisso internacionalmente assumido pelo governo brasileiro de combater o trabalho escravo (Convenção n. 105, da OIT, em matéria de abolição de trabalho forçado)" (p. 18).
>
> "No caso concreto, o conjunto das violações perpetradas ao mínimo de dignidade e respeito à pessoa do trabalhador rural, tal como comprovadas por substrato probatório mínimo, levou à conclusão de elementos suficientes para o início da ação penal" (p. 18).

Gilmar: considerações éticas (ou aéticas) e pragmáticas

> "Não descuro do fato de que o trabalho no campo brasileiro está longe de atingir as condições ideais, todavia não é razoável poetizar sobre a realidade agrária brasileira e inferir, do dia a dia das pessoas pobres das matas e dos sertões, verdadeiras manifestações de escravidão, compreendendo a existência de quadrilhas organizadas, formadas por tomadores de trabalho que seriam – como afirma o relatório – os neoescravagistas." (p. 7-8) .

"Ora, se estamos falando de desbravamento de regiões inóspitas, como a borda da Amazônia ou os rincões do país, é óbvio que os primeiros trabalhos a serem praticados ali não puderam contar com solos cimentados ou com galpões construídos para o abrigo dos primeiros trabalhadores. E mesmo que assim fosse, os trabalhadores que anteriormente os construíram teriam sido objeto de trabalho escravo, de acordo com o equivocado raciocínio." (argumento falacioso: não se tratava de uma obra pioneira e sim de uma propriedade rural, cujo proprietário era um Senador da República, já falecido, para a criação de gado) (p. 8).

"Eis a minha dúvida: Prendemos empresários rurais, proprietários de terra. E o que efetivamente fizemos aos pobres e miseráveis homens do campo que, sem trabalho, quando muito, conseguirão, após o tortuoso caminho, um benefício assistencial de uma salário mínimo?" (argumentação consequencialista e utilitarista, podendo ser assim traduzida: é melhor ser explorado, submetido a trabalho em condições degradantes, do que não ter trabalho) (p. 14).

É o tipo de pensamento como o de Gilmar Mendes, que José Claudio, com maestria, desconstrói em sua obra, ao indicar que o bem jurídico tutelado não é somente a liberdade de locomoção, mas a liberdade pessoal, e o bem protegido é a dignidade da pessoa humana, que impõe a não-aceitação de práticas de trabalho escravo, em quaisquer dos seus modos de execução, os quais, a partir do Capítulo IV da sua obra, demonstra e estuda com absoluta profundidade.

A academia, mais uma vez, recebe admirável contribuição do autor, já em segunda edição, cuja leitura fortemente recomendo como essencial para que se construa um Brasil melhor, mais justo e menos desigual.

Suzy Elizabeth Cavalcante Koury

Desembargadora Presidente do Tribunal Regional do Trabalho da 8ª Região
Doutora em Direito pela UFMG
Professora dos Cursos de Graduação e de Pós-graduação do Centro Universitário do Pará — CESUPA

Apresentação da 1ª Edição

A escravidão contemporânea e ilegal recebe diversas denominações, e é motivo de controvérsias, explode com intensidade na imprensa brasileira e estrangeira, provoca ações de grupos religiosos e da sociedade civil, desafia o executivo, o parlamento e o mundo jurídico. Os operadores do direito, em diversas instâncias, acabam por adquirir especial relevância e são realizadas decisões jurídicas penais e cíveis em diversas instâncias do judiciário, especialmente a partir de 2003, quando o art. 149 do Código Penal Brasileiro sofreu uma alteração sensível. Deixou de ser genérico e passou a se tornar mais claro o que era o trabalho análogo à de escravo. E, no meio acadêmico, as reflexões sobre o tema se ampliam, especialmente sob o prisma da lei.

Este livro é bem-vindo, atual e imerso nas discussões mais sensíveis sobre o tema. Dr. José Claudio Monteiro de Brito Filho, professor e intelectual competente, participa, há alguns anos, das reuniões científicas promovidas pelo Grupo de Pesquisa Trabalho Escravo Contemporâneo, na Universidade Federal do Rio de Janeiro, e isso nos honra, torna mais qualificada a discussão acadêmica. Por esta e outras razões recebo com alegria o convite para fazer esta apresentação.

No Pará, o autor exerceu por longos anos a função de Procurador do Trabalho e Procurador Regional do Trabalho no Ministério Público do Trabalho, isso ele explica, e hoje continua como professor universitário. Brito Filho demonstra ter domínio sobre o estudo jurídico e tem razões para isso; pela experiência na Procuradoria e como professor; e pelo lugar social de onde escreve, o Pará, lugar conhecido por muitos problemas a respeito do tema desde o início da república.

Os pontos culminantes do trabalho escravo em terras paraenses e amazônicos podem ser divididos pedagogicamente em partes. Primeiro por ocasião da corrida à borracha vegetal, entre o final do século XIX e início do século XX; no segundo momento, no transcorrer da Segunda Grande Guerra, também em função da borracha; e no terceiro momento, do qual ele e eu fomos testemunhas, por ocasião dos projetos agropecuários implementados pela SUDAM, quando irromperam especialmente, mas não só, no sul do Estado paraense, uma história de horror e violência. O cerceamento da liberdade de ir e vir e o conjunto de coerções se dava pela geografia, pela dominação da consciência dos trabalhadores e pelos homens armados. As ameaças aos que tentavam fugir dos empreendimentos agropecuários eram acompanhadas de torturas e assassinatos. Foi o tempo de temidos empreiteiros. A morte campeava solta; os cemitérios clandestinos abundavam nas fazendas; o medo era frequente e as autoridades omissas, pelo número insuficiente de auditores para as fiscalizações e de outros servidores públicos para implementar ações preventivas e curativas; pelo desconhecimento do problema; pela concordância com o crime; pelo suborno; pela indiferença; pelo medo ou, porque, consideravam que o crime não era crime. O art. 149 não era autoexplicativo.

O autor, que tem escrito outros textos sobre o tema, envereda nas discussões que abrangem o Direito Penal, o Direito do Trabalho com clareza e, vai além, reflete sob a perspectiva administrativa. Utiliza como fonte do estudo, a doutrina, a norma e a jurisprudência em uma bibliografia atualizada e robusta a respeito da legislação nacional e internacional. Dialoga com a filosofia kantiana. E revela um distanciamento crítico e acadêmico. Ele afirma que o livro não é uma "denúncia", mas uma busca de "compreensão".

De fato, Brito Filho trata academicamente o assunto, mesmo quando reproduz decisões judiciais nas quais haja, em certos momentos, descrições pungentes sobre como as pessoas são ou podem ser tratadas em unidades de produção. Traz contribuições interessantes, apresenta divergências mesmo na mais alta corte do Brasil a respeito de interpretações sobre as leis que tratam da escravidão. E traz ao debate a alteração do art. 243 da Constituição Federal quando afirma que há ali uma "impropriedade". E afirma haver no artigo modificado "a absoluta falta de respeito para com a técnica e para com a ciência". E aponta: "As normas são construídas como os parlamentares querem, sem respeito à norma culta e a todo o conhecimento teórico construído em relação aos fatos que são regulamentados".

Ousado, firme e imperdível, o texto de Brito Filho é fundamental para os que se debruçam sobre o tema, sejam operadores ou não do direito. E uma vez iniciada, a sedução dos argumentos mantêm o leitor preso à leitura. Parabéns para o autor e para a editora pelo novo livro.

Ricardo Rezende Figueira

Doutor pela Pós-Graduação em Sociologia e Antropologia da Universidade Federal do Rio de Janeiro (UFRJ); Professor; Coordenador do Grupo de Pesquisa Trabalho Escravo Contemporâneo do Núcleo de Estudos de Políticas Públicas em Direitos Humanos Suely Souza de Almeida (NEPP-DH/UFRJ).

Nota do autor

Este livro, agora em 4ª edição, tem por objetivo apresentar versão mais definitiva a respeito do que entendo deva ser a caracterização jurídica do trabalho em condições análogas à de escravo, ou, como é comum ser denominado, até por mim, do trabalho escravo.

Ele reúne, ampliando, diversos textos que venho publicando, desde 2004, a respeito do tema, pondo fim, de certa forma, na questão da caracterização jurídica, às pesquisas que realizo, primeiro no Programa de Pós-graduação em Direito da Universidade Federal do Pará e, agora, no Centro Universitário do Estado do Pará — CESUPA, tanto na Pós-graduação, como no Curso de Graduação em Direito.

Comecei procurando demonstrar que o bem jurídico penal foi, considerando a concepção até então dominante, alterado, deixando o tipo de proteger, especialmente a liberdade, para ampliar seu espectro de proteção para a dignidade da pessoa humana. Esse texto, inicialmente publicado em 2004, sob o título *Trabalho com redução à condição análoga à de escravo e dignidade da pessoa humana*[1], foi atualizado e ampliado, tendo sido publicado, mais recentemente, com o título de *Trabalho com redução à condição análoga à de escravo: análise a partir do trabalho decente e de seu fundamento: a dignidade da pessoa humana*[2].

Publiquei ainda outros textos, agora mais específicos, com o objetivo de fazer a caracterização jurídica do tipo penal e dos modos de execução. O primeiro, na ordem em que foram produzidos, foi apresentado em 2009, na III Reunião Científica Trabalho Escravo e Questões Correlatas, do GPTEC (NEPP-DH/UFRJ), publicado com o título

---

(1) *Genesis: Revista de Direito do Trabalho*, Curitiba, n. 137, p. 673-682, maio 2004.

(2) NOCCHI, Andrea Saint Pastous; VELLOSO, Gabriel Napoleão; FAVA, Marcos Neves (orgs.). *Trabalho escravo contemporâneo*: o desafio de superar a negação. 2. ed. São Paulo: LTr, 2011. p. 121-133.

Trabalho escravo: elementos para a caracterização jurídica, em 2011, e discute os elementos necessários para a caracterização do tipo penal(3).

Publiquei, também, textos relativos aos modos de execução típicos do trabalho escravo, focando, inicialmente, em modos específicos. Primeiro a jornada exaustiva e as condições degradantes de trabalho, e, depois, a restrição de locomoção por dívida contraída. O primeiro foi publicado sob a denominação *Jornada exaustiva e condições degradantes de trabalho: caracterização*, em 2010(4), e, o segundo, com o título *Trabalho escravo — restrição de locomoção por dívida contraída: caracterização jurídica*, em 2011(5).

Para concluir a discussão a respeito dos modos típicos de execução do trabalho escravo, apresentei, em 2010, na IV Reunião Científica Trabalho Escravo e Questões Correlatas, do GPTEC (NEPP-DH/UFRJ), estudo denominado *Trabalho escravo: caracterização jurídica dos modos típicos de execução*, que foi publicado em 2012(6).

Passei então para os modos de execução restantes, que denomino de *por equiparação*, escrevendo texto denominado *Caracterização jurídica do trabalho escravo por equiparação: análise do art. 149, § 1º, do Código Penal brasileiro*, e que foi publicado na Revista do Ministério Público do Trabalho em Mato Grosso do Sul(7).

Um pouco antes, considerando a cronologia, havia publicado texto denominado *Escravidão contemporânea: o Ministério Público do Trabalho e o trabalho escravo*, com o objetivo principal de discutir a atuação do Ministério Público do Trabalho no enfrentamento deste ilícito(8).

Escrevi, também, texto publicado na Revista do Tribunal Superior do Trabalho, em que discuto decisão da 1ª Turma daquela Corte Superior que, entendo, definiu, no plano jurisprudencial trabalhista, a dignidade da pessoa humana como o principal bem jurídico tutelado no combate ao trabalho escravo. O artigo é denominado *Dignidade da pessoa humana como fundamento para o combate ao trabalho em condições análogas à de escravo:*

---

(3) FIGUEIRA, Ricardo Rezende; PRADO, Adonia Antunes; SANT'ANA JÚNIOR, Horácio Antunes de (orgs.). *Trabalho escravo contemporâneo*: um debate transdisciplinar. Rio de Janeiro: Mauad X, 2011. p. 241-250.

(4) PINHO, Ana Cláudia Bastos de; GOMES, Marcus Alan de Melo (orgs.). *Direito penal e democracia*. Porto Alegre: Núria Fabris, 2010. p. 259-273.

(5) VELLOSO, Gabriel; MARANHÃO, Ney (orgs.). *Contemporaneidade e trabalho* — aspectos materiais e processuais: estudos em homenagem aos 30 anos da Amatra 8. São Paulo: LTr, 2011. p. 200-212.

(6) MATTOS NETO, Antonio José; Lamarão Neto, Homero; SANTANA, Raimundo Rodrigues (orgs.). *Direitos humanos e democracia inclusiva*. São Paulo: Saraiva, 2012. p. 175-197.

(7) *Revista do Ministério Público do Trabalho em Mato Grosso do Sul*, Cuiabá, n. 6, p. 113-126, 2012.

(8) SENA, Adriana Goulart; DELGADO, Gabriela Neves; NUNES, Raquel Portugal. *Dignidade humana e inclusão social*: caminhos para a efetividade do direito do trabalho no Brasil. São Paulo: LTr, 2010. p. 272-288.

a contribuição da 1ª Turma do Tribunal Superior do Trabalho no processo TST-RR--178000-13.2003.5.08.0117[9].

Por fim, ainda antes da 1ª edição, publiquei texto em que discuto, de forma mais completa, os bens jurídicos penais tutelados pelo art. 149 do Código Penal, agora em 2014[10].

Completam as ideias desses textos o que venho publicando, também desde 2004, no livro *Trabalho decente*, pela LTr Editora, agora em 6ª edição, especialmente o que consta do capítulo 5, item 1[11].

Para a 2ª edição, incorporei ideias publicadas, primeiro, em artigo denominado *Caracterização do trabalho escravo no Brasil:* perspectiva penal[12], e, depois, em capítulo de obra coletiva denominado Trabalho escravo: tentativas de alteração e reflexos no mundo do trabalho[13].

Daí em diante continuei escrevendo, ainda, a respeito do trabalho escravo, mas, para a 3ª edição, importante registrar três textos, de todos que foram publicados, até por estarem expressamente mencionados nesta atualização. Primeiro, o que discute a atuação dos bancos nos casos de trabalho escravo mencionados na "lista suja". Segundo, o que trata das normas da Organização Internacional do Trabalho a respeito do trabalho escravo, feito em parceria registrada no livro, e que respaldam a reflexão ao final do item em que esse conjunto normativo é especificamente analisado. Terceiro, a análise que fiz, também com duas pesquisadoras mencionadas no texto, a respeito de como o Superior Tribunal de Justiça decide as questões envolvendo o objeto desta pesquisa.

Encerrando, antes desta 4ª edição, cabe destacar dois textos. Primeiro, *Perspectivas do combate ao trabalho escravo no Brasil:* análise sobre os impactos dos projetos de lei ns. 3842/2012 e 2464/2015[14] e da extinção do Ministério do Trabalho na fiscalização do ilícito e, depois, *Trabalho escravo, dignidade humana e o direito de não ser escravizado*[15].

---

(9) *Revista do Tribunal Superior do Trabalho*, Brasília, ano 78, n. 3, p. 93-107, jul./set. 2012.

(10) Trabalho em condições análogas à de escravo: os bens jurídicos protegidos pelo art. 149 do Código Penal brasileiro. *Revista Jurídica da Presidência*, Brasília, v. 15, n. 107, p. 587-601, 2014. Disponível em: https://www4.planalto.gov.br/revistajuridica/copy3_of_vol-15-n-106-jun-set-2013/menu-vertical/artigos/artigos.2014-01-24.6908894754. Acesso em: 20 mar. 2014.

(11) *Trabalho decente*. 5. ed. São Paulo: LTr, 2018.

(12) *Repertório de Jurisprudência IOB*, v. II, p. 31-36, 2015.

(13) In: VIANNA, Márcio Túlio e ROCHA, Cláudio Jannotti da (Org.). *Como aplicar a CLT à luz da Constituição*: alternativas para os que militam no foro trabalhista: obra em homenagem à Profa. Gabriela Delgado. São Paulo: LTr, p. 186-191, 2016.

(14) BRITO FILHO, J. C. M.; GARCIA, A. M. M. Perspectivas do combate ao trabalho escravo no Brasil: análise sobre os impactos dos projetos de lei n. 3842/2012 e 2464/2015 e da extinção do Ministério do Trabalho na fiscalização do ilícito. In: Luis Henrique da Costa Leão; Carla Reita Farias Leal. (Org.). *Novos caminhos para erradicar o trabalho escravo contemporâneo*. 1. ed. Curitiba-PR: CRV, 2021, v., p. 237-250.

(15) FERREIRA, V. E. N. ; SILVA, E. K. C. ; BRITO FILHO, José Claudio Monteiro de. Trabalho escravo, dignidade humana e o direito de não ser escravizado. *ARGUMENTA*, v. 2021, p. 461-511, 2021.

Cabe, todavia, observar que o livro não aproveita somente as pesquisas que realizei, pois, como também em outras áreas em que tenho escrito, utilizo a experiência de quase dezessete anos como membro do Ministério Público do Trabalho, primeiro como Procurador do Trabalho e, depois, como Procurador Regional do Trabalho, quando pude ver pessoalmente, ou nos autos dos processos em que atuei, alguns dos fatos que, no plano jurídico, podem ser descritos como característicos do trabalho em condições análogas à de escravo.

Somado a isso, quando, de meados ao final da década passada, comecei a me dedicar, na pesquisa, com mais afinco ao tema, e aproveitando que no âmbito do Ministério Público do Trabalho estava-se a discutir a existência de novo marco para a definição do trabalho escravo, acreditei que era o momento de apresentar uma visão mais completa a respeito do que eu entendia ser o trabalho escravo, e que se modificou a partir de 2003, quando foi alterada a redação do art. 149 do Código Penal brasileiro, por verificar que persistiam muitas dúvidas a respeito.

Minha intenção, todavia, foi adiada por ter iniciado um período de transição em minha vida, postergando a conclusão da tarefa. Passados quatro anos, decidi que era o momento de retomar essa ideia, até porque pude amadurecer ainda mais minhas reflexões, a partir de novas discussões que mantive, no âmbito do Ministério Público do Trabalho, do Ministério Público Federal, e no ambiente acadêmico, a respeito das questões expostas daqui por diante, e aí surgiu a 1ª edição. Da mesma forma, na 2ª e na 3ª, e nesta 4ª edição incorporei e incorporo parte da repercussão que esse livro teve com sua publicação original, no caso a parte que até mim chegou.

Aqui faço uma observação, óbvia, mas que acredito necessária: embora tenha pertencido por tantos anos ao Ministério Público do Trabalho, o que, de muitas formas, influenciou e influencia o que penso, e como vivo, não deve este livro ser visto como uma defesa do reconhecimento, em qualquer situação, ou a qualquer preço, da ocorrência do trabalho escravo, em visão maniqueísta que não se aplica nem a mim nem ao Ministério Público, mas, que, aqui e acolá, verifica-se. Não, meu objetivo é identificar, no plano jurídico, principalmente, o que penso ser o trabalho em condições análogas à de escravo. E isso serve, nos casos concretos, tanto para definir que, em determinadas situações houve trabalho escravo, como para indicar que, em outros, isso não ocorreu.

O livro, pelo seu objetivo principal, que é o de caracterizar, no plano do Direito, o trabalho em condições análogas à de escravo, é, essencialmente, um texto jurídico, não obstante não deixe de aproveitar ensinamentos, até onde os compreendo, da Filosofia, da Sociologia, da Antropologia e da História.

Registro por fim que, por outro lado, não é objetivo deste livro, embora sua leitura possa talvez indicar o contrário, ser uma leitura específica dos que atuam na seara penal, pois, além de não ser esta a minha formação, foi o texto escrito também para refletir, no âmbito do Direito do Trabalho e dos Direitos Humanos, fenômeno que entendo ainda bastante incompreendido, que é o de tomar o trabalho em condições que ofendem a dignidade do ser humano.

Se no livro trabalho com alguns conceitos próprios do Direito Penal, e espero que corretamente, é porque a discussão, no plano jurídico, é feita a partir de um tipo penal específico, e teria de ter conhecimentos pertinentes a esse subsistema jurídico.

Finalizando esta nota, quero agradecer: ao meu amigo e revisor, Antonio Duval; ao Programa de Pós-graduação em Direito da Universidade Federal do Pará, onde tive a oportunidade de testar, especialmente nas orientações, as questões que discuto neste livro; ao Centro Universitário do Estado do Pará (CESUPA), para onde voltei depois de 10 anos, e agora atuo com exclusividade, lá encontrando o espaço adequado para a reflexão e para a pesquisa, além do ensino, fazendo uma referência especial à Professora Doutora Suzy Elizabeth Cavalcante Koury, amiga de tantos anos, e que me honrou com a apresentação da 2ª edição, à Professora Doutora e também amiga Vanessa Rocha Ferreira, que escreveu a apresentação da 3ª edição, e ao Professor Doutor Homero Lamarão Neto, amigo que assina a apresentação desta 4ª edição. Agradeço, também, aos integrantes do Grupo de Pesquisa em Trabalho Decente, professores e alunos; a todos os que participam das Reuniões Científicas Trabalho Escravo e Questões Correlatas, realizadas pelo GPTEC (NEPP-DH/UFRJ), com destaque especial, por tantos anos, a Ricardo Rezende Figueira, Adonia Antunes Prado e Edna Galvão, e de cujas reuniões por tantos anos participei; e, por fim, aos integrantes da LADITS, Liga Acadêmica de Direito do Trabalho e Seguridade Social, onde coordenei um Grupo de Estudos e Pesquisa a respeito de trabalho escravo.

Considerações Iniciais

Capítulo I

Antítese do trabalho decente, ou, para ser mais preciso, do trabalho digno, o trabalho em condições análogas à de escravo, também chamado, simplesmente, de trabalho escravo — essa forma simplificada de denominar este ilícito será explicitada no Capítulo II, eliminando compreensão incorreta —, é uma prática que desafia, ao longo dos tempos, no mundo e no Brasil, a sociedade e o Estado, sendo manejada até hoje, com frequência injustificável, em diversas partes do planeta.

No Brasil, não obstante os esforços para sua eliminação, essa prática constitui conduta ainda encontrada, no meio urbano, mas, principalmente, no meio rural, especialmente nos locais em que a presença do Estado ainda não ocorre com a intensidade necessária.

A respeito desses esforços, é importante relembrar, de forma breve, a evolução do combate ao trabalho escravo. O objetivo aqui é demonstrar como essa atuação alterou-se ao longo dos anos, positivamente, mas, ao mesmo tempo, revelar que ainda há muito que fazer.

As inspeções no meio rural, especialmente no sul e no sudeste do Estado do Pará, para combate ao trabalho escravo começaram, com mais vigor, na primeira metade da década de 1990.

O que se via, principalmente, naquela ocasião, nos empreendimentos rurais que foram inspecionados, em alguns casos, era a mesma situação que hoje é caracterizada, depois da alteração do art. 149 do Código Penal brasileiro, como trabalho em condições análogas à de escravo pelas condições degradantes de trabalho[16].

É absolutamente provável que a situação, nos empreendimentos em que houve fiscalização, ou em parte deles, fosse até mais grave. Nem procuradores, nem os então denominados fiscais do trabalho, hoje auditores-fiscais do trabalho, tinham domínio de todo o conhecimento necessário para saber exatamente o que investigar. O que se fazia, com algumas adaptações, era investigar e fiscalizar mais ou menos como se fiscalizava e investigava no caso das hipóteses usuais de violações à legislação de proteção do trabalho[17].

Esse era um tempo, a propósito, em que o Estado brasileiro ainda não havia formalmente reconhecido a prática do trabalho escravo em seu território, e, assim, não havia nenhuma discussão coordenada no setor público a respeito, muito menos iniciativas concretas para a sua identificação[18].

As ações das instituições estatais, então, refletiam essa discussão ainda pobre. Combatia-se todas as irregularidades encontradas, nas condições de vida e de trabalho (alojamento, alimentação, condições gerais de trabalho etc.) e, quando era cabível, resgatava-se os trabalhadores, exigindo-se o pagamento das verbas decorrentes da relação jurídica de emprego e de sua extinção.

Fazia-se isso, porém, no mais das vezes, sem a caracterização do trabalho como análogo ao do escravo, o que, como um dos aspectos ruins dessa não caracterização, tirava força da atuação.

O tempo passou e, da segunda metade da década de 1990 em diante, a situação alterou-se significativamente.

O Brasil reconheceu que seu território ainda abrigava, mesmo que à margem da lei, o trabalho escravo. Criou-se grupo no Ministério do Trabalho de caráter nacional e conhecido como Grupo Especial de Fiscalização Móvel, ou, de forma mais reduzida,

---

(16) Na época, todavia, ainda estava em vigor a redação original do art. 149 do Código Penal e, assim, a caracterização do trabalho em condições análogas à de escravo ainda estava restrita à hipótese de trabalho forçado, visto que era dessa forma que se via, de forma dominante, no Direito, este ilícito.

(17) Nem se cogitava no início, por exemplo, caracterizar o trabalho escravo a partir da retenção dos trabalhadores em razão de "dívidas" contraídas junto ao tomador dos serviços, pois essa construção teórica, depois aplicada na prática, só ocorreu algum tempo depois.

(18) Nas organizações não governamentais, é bom que se diga, isso já ocorria, apenas não repercutia de forma suficiente no Estado brasileiro.

como "Grupo Móvel"(19). A inspeção mudou sua maneira de agir, assim como mudou a atuação do Ministério Público do Trabalho — MPT(20).

Os anos seguintes foram de aperfeiçoamento da atuação. Ao mesmo tempo em que a fiscalização já era feita de forma mais adequada, nova e mais compatível com a realidade instrumental teórica, o Ministério Público do Trabalho, que se fazia presente às inspeções juntamente com o Grupo Móvel, mudou sua forma de atuar.

Acompanhando as inspeções, os membros revestiram de mais rigor o seu agir. Caracterizado o trabalho escravo, no próprio local a ação iniciava. Em parceria com o então Ministério do Trabalho, o resgate ocorria e, caso necessário, as ações para garantir o pagamento das verbas devidas aos trabalhadores eram propostas(21).

Terminada essa fase, outra começava, agora com objetivo de prevenir que, no futuro, o tomador dos serviços e responsável pela escravidão não voltasse a praticar o ilícito. Assim, as ações nesse segundo momento eram propostas para conduzir à legalidade o empreendimento(22), sendo o instrumento utilizado a ação civil pública(23), sempre com o cuidado de verificar e responsabilizar, principalmente, o verdadeiro responsável pela atividade e, portanto o verdadeiro tomador dos serviços(24).

---

(19) O Grupo Especial de Fiscalização Móvel foi criado com o objetivo de coibir a prática de trabalho escravo, forçado e infantil, por meio da Portaria n. 549, de 14.6.1995, do Ministro do Trabalho. Em verdade, era mais de um grupo, constituídos de agentes de inspeção do trabalho convocados para essa atuação pela então Secretaria de Fiscalização do Trabalho — SEFIT, ouvida a Secretaria de Segurança e Saúde no Trabalho — SSST, sendo designado um dos agentes para a função de coordenador.

(20) No âmbito do Ministério Público do Trabalho, não obstante o combate ao trabalho escravo seja parte da atuação de todos os membros que atuam desenvolvendo a atividade de órgão agente, a coordenação das atividades cabe à Coordenadoria Nacional de Erradicação do Trabalho Escravo — CONAETE, que foi criada em 12 de setembro de 2002, por meio da Portaria n. 231, de 2002, do Procurador-Geral do Trabalho, sucedendo comissão criada em 5.6.2001, e que tinha como atribuição elaborar estudos a respeito das estratégias de combate ao trabalho escravo e de regularização do trabalho dos indígenas.

(21) É quando se justifica o uso da ação civil coletiva, prevista na Lei n. 8.078/1990, o Código de Proteção do Consumidor, e que tem objetivo eminentemente reparatório, sendo ágil o suficiente para garantir, de imediato, a reparação dos trabalhadores.

(22) Há inúmeros exemplos de trabalho escravo no meio urbano, como é o caso da tristemente famosa exploração dos trabalhadores bolivianos no setor de confecção, dentro da maior cidade brasileira, que é São Paulo, ou como na construção civil, em que o trabalho escravo também se tem verificado, e até no âmbito doméstico, mas, predominantemente, acredito, a prática ocorre no meio rural, em distantes localidades, onde o ilícito penal é praticado com mais "tranquilidade".

(23) É que a ação civil pública tem objeto mais amplo que a ação civil coletiva, não obstante o pedido em ambas tenha natureza condenatória. A ação civil pública permite que se pleiteie a criação de obrigações de fazer e de não fazer. Note-se que não há nenhum impedimento de que, em única ação, no caso em ação civil pública, sejam pleiteadas tanto as obrigações de fazer e de não fazer como a reparação em dinheiro em favor dos trabalhadores, apenas nem sempre isso é possível. É que há uma ordem natural nas investigações de trabalho escravo. A prioridade primeira é resgatar os trabalhadores e proporcionar a eles as verbas devidas. Depois é que se pensa para o futuro, a partir das condições de trabalho que precisam ser garantidas.

(24) No meio rural esse é um problema recorrente, pelas irregularidades várias que existem em relação a títulos de propriedade, ou seja, o de se não saber, com exatidão, quem de fato e de direito deve ser

Esse momento serve também para a responsabilização daquele que utilizou trabalho em condições análogas à de escravo, mas não mais em favor — ou, pelo menos, não mais somente em favor — dos trabalhadores, e sim em favor da coletividade, por meio da imposição de reparação pelo dano moral coletivo decorrente da prática ilícita.

Não pretendo aprofundar essa questão, mas penso que é importante trazer ao menos um exemplo de condenação nesse sentido:

> TRABALHO EM CONDIÇÕES SUBUMANAS. DANO MORAL COLETIVO PROVADO. INDENIZAÇÃO DEVIDA. Uma vez provadas as irregularidades constatadas pela Delegacia Regional do Trabalho e consubstanciadas em Autos de Infração aos quais é atribuída fé pública (art. 364 do CPC), como também pelo próprio depoimento da testemunha do recorrente, é devida indenização por dano moral coletivo, vez que a só notícia da existência de trabalho escravo ou em condições subumanas, no Estado do Pará e no Brasil, faz com que todos os cidadãos se envergonhem e sofram abalo moral, que deve ser reparado, com o principal objetivo de inibir condutas semelhantes. Recurso improvido. II — TRABALHO ESCRAVO. PRÁTICA REITERADA. AGRAVAMENTO DA CONDENAÇÃO. Comprovado que as empresas do grupo econômico integrado pelas reclamadas já foram autuadas diversas vezes pelas mesmas razões, sem que cessem a conduta, há que se agravar a condenação. Recurso do Ministério Público parcialmente provido.[25]

Foi um período com resultados significativos, especialmente porque, principalmente em matéria trabalhista, houve compreensão do último intérprete, o Poder Judiciário, da importância de reconhecer e coibir uma prática ilícita, mas que sustentava as atividades de parte significativa de todo um segmento econômico.

Depois desse primeiro momento, com o reconhecimento, pelo Supremo Tribunal Federal (STF), da competência da Justiça Federal para o julgamento das ações penais em que se discute a prática do trabalho escravo[26], a repressão a este ilícito alargou seu

---

responsabilizado. A prática de utilizar "laranjas" é corriqueira, e não se está a falar somente do "gato", que alicia e controla a atividade dos trabalhadores, mas também daqueles que, embora até se apresentem como empregadores, nada mais são que "testas de ferro" do real tomador dos serviços. Não levar em conta essa situação é deixar de responsabilizar o verdadeiro "empreendedor" e responsável maior pelos ilícitos. É por isso que, mesmo quando há a assinatura de Termo de Ajuste de Conduta — TAC, no primeiro momento ele só contempla as reparações. Depois que se conhece o real responsável, com certeza, é que as demais obrigações são ajustadas. No meio urbano o desafio é grande, também, até porque a situação é mais eficaz quando se consegue responsabilizar todos os integrantes da cadeia produtiva, especialmente quem está na ponta e coordena toda a atividade.

(25) Processo n. TRT 1ª T./RO 01780-2003-117-08-00-2. Julgamento em 21 de fevereiro de 2006, sendo Relatora a Desembargadora Suzy Elizabeth Cavalcante Koury, do TRT da 8ª Região. A indenização por dano moral coletivo foi de R$ 5.000.000,00 (cinco milhões de reais). Houve então recurso de revista interposto pelos réus, que não foi conhecido, por decisão da 1ª Turma do Tribunal Superior do Trabalho no processo n. TST-RR-178000-13.2003.5.08.0117, sendo Relator o Ministro Luiz Philippe Vieira de Mello Filho, e com o julgamento ocorrendo em 18 de agosto de 2010.

(26) Como será visto no Capítulo III, item 1.

espectro, não mais se discutindo a questão, principalmente sob o aspecto trabalhista, e começando a haver mais celeridade no julgamento das denúncias oferecidas pelo Ministério Público Federal[27] pelo crime de redução da pessoa à condição análoga à de escravo.

A propósito, a respeito da atuação judicial, é importante registrar que ela tomou tamanho vulto que justificou acompanhamento feito pelo Conselho Nacional de Justiça (CNJ) que, por meio da Resolução n. 212 de 15 de dezembro de 2015, instituiu o "Fórum Nacional do Poder Judiciário para Monitoramento e Efetividade das Demandas Relacionadas à Exploração do Trabalho em Condições Análogas à de Escravo e ao Tráfico de Pessoas (FONTET), com o objetivo de elaborar estudos e propor medidas para o aperfeiçoamento do sistema judicial quanto ao tema"[28].

Tudo isso, todavia, ainda não teve o condão de tornar esse ilícito algo esporádico.

É que são inúmeras as dificuldades encontradas para, se não erradicar[29], ao menos reduzir as ocorrências de trabalho escravo no país, que vão desde uma visão elitista e conservadora dos tomadores de serviços, que julgam poder oferecer o trabalho sem as mínimas condições para a sua prestação, e em situação de superexploração, passando pelo insuficiente aparelhamento do Estado para o combate aos atos ilícitos, até chegar ao ponto de partida para qualquer enfrentamento: a correta compreensão do ato, no caso, ilícito praticado.

Sim, por mais difícil que seja compreender essa afirmação, pela estranheza que pode causar, até hoje não se tem uma compreensão uniforme a respeito do que seja trabalho

---

(27) No Ministério Público Federal, a responsabilidade pela repressão ao trabalho escravo é dos Procuradores da República, com a coordenação da 2ª Câmara de Coordenação e Revisão, e que é, na matéria, assessorada pelo Grupo de Trabalho Escravidão Contemporânea. O principal papel desse grupo, por outro lado, é auxiliar "na definição da política criminal de combate as formas de escravidão praticadas nos dias atuais". No MPF, conforme informações, e considerando todo o Brasil, havia, em 2014, "2.232 investigações em andamento referentes aos crimes relacionados à prática de trabalho escravo, previstos nos arts. 149, 203 e 207 do Código Penal (dados de dezembro de 2013)", sendo que "os Estados onde há o maior foco da prática do crime previsto no art. 149 do Código Penal (redução à condição análoga à de escravo), são: o Pará, com 295 investigações em andamento, Minas Gerais, com 174, Mato Grosso, com 135 casos e São Paulo, com 125". Tudo disponível em: http://www.trabalhoescravo.mpf.mp.br/trabalho-escravo/atuacao_mpf.html. Acesso em: 11 jun. 2014.

(28) Disponível em: file:///Volumes/J%20CLAUDIO/trabalho%20escravo%201/CNJ%20-%20Resoluc%CC%A7a%CC%83o%20trabalho%20escravo.htm. Acesso em: 29 set. 2016.

(29) Como se irá verificar ao longo deste estudo, a erradicação do trabalho escravo, embora possa e deva existir como meta, em termos reais não é possível. É que, como os modos de execução são diversos, e os limites entre a normalidade das exigências feitas pelo tomador dos serviços e a ilicitude decorrentes dessas mesmas exigências não têm contornos que não possam ser extrapolados, sempre haverá hipóteses em que o tomador, normalmente pela ganância, pela busca do lucro fácil, será tentado a se desviar do caminho da normalidade para o da ilicitude. O que é importante, então, é ter os contornos do que é lícito e do que é ilícito bem definidos, assim como uma sistemática capaz de evitar, ou de, pelo menos, reprimir as condutas lesivas.

escravo — não obstante parte da discussão seja artificial, na pretensão de criar polêmicas onde elas, rigorosamente, não existem — e, por consequência, do que caracteriza o ilícito de reduzir alguém à condição análoga à de escravo, que é o tipo[30] previsto no art. 149 do Código Penal brasileiro.

Dessa forma, tem sido relativamente comum a existência de divergências entre as decisões nas esferas trabalhista e penal, no tocante à caracterização desse ilícito. É o que se verifica na situação relatada no acórdão cujos dados e ementa são abaixo transcritos:

> **Processo:** 01263-2007-048-03-00-4 RO
>
> **Data da Sessão:** 29.7.2009
>
> **Data da Publicação:** 10.8.2009
>
> **Órgão Julgador:** Quarta Turma
>
> **Juiz Relator:** Des. Luiz Otavio Linhares Renault
>
> **Juiz Revisor:** Juiz Convocado Jose Eduardo de RC Junior
>
> Recorrentes: ANDRÉ LUIZ CORTEZ MARTINS E OUTROS
>
> Recorridos: MINISTÉRIO PÚBLICO DO TRABALHO PROCURADORIA REGIONAL DO TRABALHO DA 3ª REGIÃO (1)
>
> SINDICATO DOS TRABALHADORES RURAIS DE PERDIZES-MG (2)
>
> EMENTA: CRIME DE ALICIAMENTO DE TRABALHADORES DE UM LOCAL PARA OUTRO DO TERRITÓRIO NACIONAL TIPIFICAÇÃO PENAL *JUS PERSEQUENDI* E *JUS PUNIENDI* — COMPETÊNCIA DO MINISTÉRIO PÚBLICO FEDERAL E DA JUSTIÇA FEDERAL —TRABALHO EM CONDIÇÕES DEGRADANTES TIPIFICAÇÃO EXTRAPENAL — EFICÁCIA HORIZONTAL DOS DIREITOS FUNDAMENTAIS — COMPETÊNCIA DA JUSTIÇA FEDERAL DO TRABALHO — JURISDIÇÕES AUTÔNOMAS, INDEPENDENTES E HARMÔNICAS — CLÁUSULA CONTRATUAL VERDE — SUSTENTABILIDADE DA TERRA E DO HOMEM — O crime de aliciamento de trabalhadores de um local para outro, previsto no art. 207 do Código Penal, possui objeto próprio, consistente no interesse público, no sentido de que não ocorra o êxodo de trabalhadores dentro do território brasileiro. O seu sujeito passivo é o Estado e não o trabalhador ou os trabalhadores, exigindo-se para a sua caracterização o dolo específico. De acordo com a nossa legislação, a competência para a acusação criminal é do Ministério Público Federal, ao passo que a respectiva competência jurisdicional é da Justiça Federal. Por outro lado, os direitos fundamentais, independentemente de configuração criminal, integram o rol de direitos básicos dos trabalhadores, sendo claro como a luz do dia que, neste elenco, estão incluídos o trabalho digno, assim como a dignidade da pessoa humana. Tanto sob a ótica objetiva, quanto sob o

(30) O tipo, ou tipo penal, é, na lição de Rogério Greco, "o padrão de conduta que o Estado, por meio de seu único instrumento — a lei —, visa impedir que seja praticada", afirmando ainda o autor que "é a descrição precisa do comportamento humano, feita pela lei penal" (*Curso de direito penal*: parte geral. 14. ed. Niterói: Ímpetus, 2012. p. 155). Já Eugenio Raúl Zaffaroni e José Henrique Pierangeli definem tipo penal como "um instrumento legal, logicamente necessário e de natureza predominantemente descritiva, que tem por função a individualização de condutas humanas penalmente relevantes (por estarem penalmente proibidas)" (*Manual de direito penal brasileiro*. 10. ed. São Paulo: Revista dos Tribunais, 2013. p. 399. v. I: parte geral).

prisma subjetivo, o pronunciamento a respeito da configuração do trabalho degradante e das suas consequências jurídico-trabalhistas sobre a dignidade da pessoa humana é da Justiça do Trabalho, ramo integrante da Justiça Federal e especializada na conciliação, na instrução e no julgamento das controvérsias decorrentes da relação de trabalho. De qualquer maneira, as jurisdições penal e trabalhista são autônomas, independentes e harmônicas, integrantes que são do Poder Judiciário da União, cuja estrutura organizacional se define por conveniência administrativo-funcional. O Direito Penal, formado e conformado por princípios, normas e institutos próprios, dogmática e axiologicamente ponderados pelo legislador e por seus intérpretes, lida, em última análise e em essência, com a liberdade do homem (*status libertatis* do indivíduo), ao passo que o Direito do Trabalho, formado e conformado por princípios, normas e institutos próprios, lida, em superfície e em profundidade, com o trabalho digno do homem livre. Ademais, duas advertências: a) "tudo que se exprime pela linguagem é domínio do pensamento" (ARISTÓTELES. *Arte poética*); b) "as definições descritivas tendem para a totalidade, enquanto as inscritivas tendem para a parcialidade" (VILLELA, João Batista. *Apontamentos sobre A Cláusula "... Ou Devia saber"*). Logo, não se pode pretender a absolvição trabalhista simplesmente porque o inquérito policial foi arquivado por atipicidade dos fatos investigados. O tipo penal encerra torneamento rígido, fechado hermeticamente sobre si próprio (*nullum crimen, nulla poena sine lege*), não tolerando o seu brancor nenhuma impureza, tendo em vista a natureza do *jus puniendi* do Estado. A questão referente à eficácia horizontal dos direitos fundamentais do trabalhador possui outros contornos, específicos e especiais, por isso que seu espectro jurídico se irradia em direção às condições dignas do trabalhador, estando a competência em torno desta questão sob a égide da Justiça do Trabalho, que possui autonomia para atribuir aos fatos, devidamente apurados em ação trabalhista, as consequências justrabalhistas que entender pertinentes, à luz do princípio do livre convencimento fundamentado, maior de todas as garantias do magistrado e do jurisdicionado. Se os trabalhadores, recrutados, arregimentados, angariados ou pré-contratados, pouco importando a questão semântica, já que não se trata de tipificação penal, para prestar serviços na colheita de cana, morando em alojamentos precários, com quartos, refeitórios e banheiros inadequados, em frentes de trabalho sem água potável e banheiro apropriado, ferindo a dignidade da pessoa humana, esses fatos não podem passar ao largo da percepção do juízo trabalhista, direta e imediatamente envolvido com os direitos sociais fundamentais, que não podem ser meras promessas, sonhos e fantasias para humildes trabalhadores, que prestam serviço exaustivo, no campo, realizando a colheita de cana, para a sustentação do programa de biocombustível. Após citar trecho do relatório de diligência do Douto MPT, a r. sentença salientou que " no caso em comento as provas dos autos demonstram, sem peia de dúvidas, as humilhações e condições sub-humanas a que estavam submetidos os trabalhadores..." e mais adiante "se é verdade que imagens nos falam mais do que palavras, as fotografias de fl. 21 e seguintes registram a precariedade da acomodação dos trabalhadores. Indubitavelmente uma forma perniciosa de exploração do trabalho humano surge suficientemente caracterizada em todos seus aspectos: o trabalho em condições degradantes, cuja existência restou amplamente comprovada" (MM. Juiz Dr. Edmar Souza Salgado). Além da sustentabilidade da Terra, é preciso preocupar-se também com o trabalhador do campo, que presta serviço penoso e exaustivo. Sim, Planeta Azul, com menos monóxido de carbono e outros poluentes derivados da combustão de carbono, como o petróleo, mas também trabalho digno para os que ajudam a diminuir a poluição, assim como o aquecimento global. Cláusula contratual verde que precisa ser inserida nos contratos de trabalho, para o bem da humanidade e para a garantia dos trabalhadores. O trabalho exauriente, realizado em cidades distantes dos domicílios obreiros, por aqueles que sonham o retorno com um pouco de dinheiro no bolso raso, não pode desprezar a dignidade da pessoa humana.

Isso não se justifica, ao menos não de forma frequente, ainda que se leve em consideração que na esfera penal a leitura é feita a partir da conduta do agente e na trabalhista toda a análise ocorra a partir dos efeitos da ação em relação aos trabalhadores, e ainda, também, que se considere que os juízes têm independência para decidir.

O tipo é um só — descrito em norma penal, mas com efeitos que transcendem a esfera criminal —, e não pode ser caracterizado em separado, sob pena de gerar insegurança, tanto para quem utiliza o trabalho humano, como para quem reprime a conduta descrita no art. 149 do Código Penal, em qualquer esfera.

Minha expectativa, neste estudo, é contribuir para essa compreensão, nos planos do Direito Penal e do Direito do Trabalho, mas também no âmbito administrativo, aqui em diversas frentes.

É que, pela sistemática da atuação estatal no combate ao trabalho escravo, essa atuação inicia, via de regra pela fiscalização do trabalho, que tanto pode ocorrer por equipe do Grupo Especial de Fiscalização Móvel, como por equipe regional, das Superintendências Regionais do Trabalho e Emprego — SRTE, e é necessário que a compreensão mais uniforme possível do trabalho em condições análogas à de escravo inicie nessas equipes.

Além do mais, possível autuação de tomador de serviços pela caracterização de ter mantido trabalhadores em condições análogas à de escravo, a par de dar início à intervenção penal e/ou à atuação no âmbito do Judiciário Trabalhista, na primeira hipótese por membros do Ministério Público Federal e, na segunda, por membros do Ministério Público do Trabalho, no caso dos Procuradores dessas Instituições concordarem com o reconhecimento de que houve trabalho escravo, também significa, caso não seja tal autuação revertida no âmbito administrativo, a inclusão do tomador dos serviços no Cadastro de Empregadores que tenham submetido trabalhadores a condições análogas à de escravo, também chamado de "lista suja".

Esse cadastro, inicialmente, foi criado pela Portaria n. 540, de 15 de outubro de 2004, do então Ministério do Trabalho e Emprego, que criou o "Cadastro de Empregadores que tenham submetido trabalhadores a condições análogas à de escravo"[31]. Depois, foi regulamentado pela Portaria Interministerial n. 2, de 12 de maio de 2011, publicada no DOU de 13 de maio de 2001, Seção I, p. 9, do Ministro do Trabalho e Emprego e da Ministra-Chefe da Secretaria de Direitos Humanos da Presidência da República[32].

---

(31) Disponível em: http://trabalho.gov.br/images/Documentos/trabalhoescravo/BRA77204.pdf. Acesso em: 23 set. 2016.

(32) Disponível em: http://trabalho.gov.br/images/Documentos/trabalhoescravo/p_20110512_2.pdf. Acesso em: 23 set. 2016.

Isso poderia significar, a partir da inclusão do nome do tomador no Cadastro, nele permanecendo por dois anos — findos esses dois anos, caso o tomador pagasse as multas devidas e as obrigações trabalhistas e previdenciárias, além de não reincidir, seu nome era excluído —, restrições de créditos em órgãos oficiais de fomento, bem como restrições de natureza comercial em geral, pois pessoas jurídicas e físicas não se sentem, o que é compreensível, confortáveis em estabelecer relações com quem tenha praticado ilícito dessa natureza[33].

Sua legalidade foi questionada judicialmente, pela via de mandado de segurança (MS n. 14.017/DF), tendo havido insucesso no Superior Tribunal de Justiça (STJ). A decisão da 1ª Seção do STJ, em acórdão da lavra do Ministro Herman Benjamin[34], tem a seguinte ementa, que, vale ressaltar, é longa, mas importante para a compreensão do que está sendo discutido:

> ADMINISTRATIVO. MANDADO DE SEGURANÇA. PORTARIA MTE N. 540/2004. INCLUSÃO DO NOME DA IMPETRANTE NO CADASTRO DE EMPREGADORES QUE TENHAM MANTIDO TRABALHADORES EM CONDIÇÃO ANÁLOGA À DE ESCRAVO. ATO DETERMINADO PELO MINISTRO DE ESTADO DO TRABALHO E EMPREGO EM AVOCATÓRIA MINISTERIAL. LEGITIMIDADE PASSIVA. AUSÊNCIA DE VIOLAÇÃO DOS PRINCÍPIOS DA LEGALIDADE E DA PRESUNÇÃO DE INOCÊNCIA. LEGITIMIDADE DA ATUAÇÃO DOS AUDITORES-FISCAIS DO TRABALHO. INADEQUAÇÃO DO MANDADO DE SEGURANÇA PARA VERIFICAR SE A EMPRESA PRATICA TRABALHO ESCRAVO.
>
> 1. Hipótese em que o Mandado de Segurança foi impetrado contra ato imputado ao Ministro de Estado do Trabalho e Emprego, referente à determinação de inclusão do nome da impetrante no cadastro de empregadores que tenham mantido trabalhadores em condição análoga à de escravo, instituído pela Portaria n. 540/2004 do Ministério do Trabalho e Emprego.
>
> 2. Os fatos descritos nos Autos de Infração lavrados contra a impetrante são extremamente graves: condições degradantes de trabalho; alojamentos superlotados (onde os empregados dormiam em redes); retenção intencional de salários; jornada excessiva, com início às 4h30; não fornecimento de água potável; intervalos menores que uma hora para repouso e alimentação dos trabalhadores; proibiçao expressa de que os obreiros pudessem parar para comer o lanche que eles mesmos levavam para as frentes de trabalho; recibos de pagamentos com valores zerados ou irrisórios; inexistência de instalações fixas ou móveis de vasos sanitários e lavatórios (segundo os fiscais, "em uma das frentes de trabalho, encontramos uma tenda montada, com um buraco de 50 cm de

---

(33) A lista era atualizada a cada seis meses, conforme art. 3º da Portaria Interministerial n. 2/2011, mencionada acima. Conforme a Organização Internacional do Trabalho, na atualização realizada em 26.8.2009, a "lista suja" contou com 170 infratores, não estando computados os excluídos por decisão judicial (*Perfil do trabalho decente no Brasil*. Brasília e Genebra: OIT, 2009. p. 23). O sucesso da lista, todavia, na prática, é relativo, como verifiquei em estudo que realizei e que foi publicado com o título de "A responsabilidade social de bancos e o trabalho escravo" (In GOMES, Rafael de Araújo e outros. A responsabilidade das instituições financeiras e a garantia dos direitos humanos. Belo horizonte; Fórum, 2018, p. 137-149).

(34) Julgamento em 27 de maio de 2009, e publicação no DJe de 1º de julho de 2009.

profundidade, sem vaso sanitário e nas outras frentes de trabalho não havia qualquer instalação sanitária"); ausência de fornecimento e de utilização de equipamentos de proteção adequados aos riscos da atividade; falta de material necessário à prestação de primeiros socorros etc.

3. Os precedentes do STJ reconhecem, em julgados análogos, a ilegitimidade do Ministro de Estado do Trabalho e Emprego para figurar no polo passivo do *mandamus*. No entanto, o caso em análise apresenta uma peculiaridade: todos os processos administrativos referentes aos autos de infração lavrados contra a empresa foram avocados pelo Ministro de Estado do Trabalho, conforme autoriza o art. 638 da CLT. A avocatória ministerial deveu-se à "excessiva demora na conclusão dos autos no âmbito da Superintendência Regional do Pará" e foi realizada "como medida de correição, para se evitar novas irregularidades na aplicação da lei e no procedimento administrativo", inclusive com sugestão de abertura de "processo administrativo disciplinar, para fins de apuração de responsabilidade".

4. Em síntese, a impetrante alega que: a) a Portaria n. 540/2004 é inconstitucional, pois fere o Princípio da Legalidade e o da Presunção de Inocência; b) os auditores fiscais do trabalho carecem de atribuição legal para fiscalizar a empresa; c) não há trabalho escravo em suas dependências.

5. No Direito Constitucional contemporâneo, inexiste espaço para a tese de que determinado ato administrativo normativo fere o Princípio da Legalidade, tão só porque encontra fundamento direto na Constituição Federal. Ao contrário dos modelos constitucionais retórico-individualistas do passado, despreocupados com a implementação de seus mandamentos, no Estado Social brasileiro instaurado em 1988, a Constituição deixa em muitos aspectos de ser refém da lei, e é esta que, sem exceção, só vai aonde, quando e como o texto constitucional autorizar.

6. A empresa defende uma concepção ultrapassada de legalidade, incompatível com o modelo jurídico do Estado Social, pois parece desconhecer que as normas constitucionais também têm *status* de normas jurídicas, delas se podendo extrair efeitos diretos, sem que para tanto seja necessária a edição de norma integradora.

7. A Constituição é a norma jurídica por excelência, por ser dotada de superlegalidade. No Estado Social, seu texto estabelece amiúde direitos e obrigações de aplicação instantânea e direta, que dispensam a mediação do legislador infraconstitucional. Mesmo que assim não fosse, há regramento infraconstitucional sobre a matéria, diferentemente do que afirma a impetrante.

8. A Portaria MTE n. 540/2004 concretiza os princípios constitucionais da Dignidade da Pessoa Humana (art. 1º, III, da CF), da Valorização do Trabalho (art. 1º, IV, da CF), bem como prestigia os objetivos de construir uma sociedade livre, justa e solidária, de erradicar a pobreza, de reduzir as desigualdades sociais e regionais e de promover o bem de todos (art. 3º, I, III e IV, da CF). Em acréscimo, foi editada em conformidade com a regra do art. 21, XXIV, da CF, que prescreve ser da competência da União "organizar, manter e executar a inspeção do trabalho". Por fim, não se pode olvidar que materializa o comando do art. 186, III e IV, da CF, segundo o qual a função social da propriedade rural é cumprida quando, além de outros requisitos, observa as disposições que regulam as relações de trabalho e promove o bem-estar dos trabalhadores.

9. Some-se a essas normas o disposto no art. 87, parágrafo único, I e II, da Constituição de 1988, pelo qual compete ao Ministro de Estado, entre outras atribuições estabelecidas na Constituição e na lei, exercer a orientação, coordenação e supervisão dos órgãos e entidades da administração federal na área de sua competência e "expedir instruções para a execução das leis, decretos e regulamentos".

10. Além de ter fundamento na Constituição, a Portaria n. 540/2004 encontra amparo na legislação infraconstitucional. O art. 913 da Consolidação das Leis do Trabalho é claro ao estabelecer que "o Ministro do Trabalho, Indústria e Comércio expedirá instruções, quadros, tabelas e modelos que se tornarem necessários à execução desta Consolidação".

11. Também os Tratados e Convenções internacionais, que, segundo a teoria do Monismo Moderado, ingressam no Direito Brasileiro com *status* de lei ordinária, veiculam diversas normas de combate ao trabalho em condições degradantes. Em rol exemplificativo, deve-se registrar a Convenção sobre a Escravatura (Decreto n. 58.562/1966) e as Convenções da Organização Internacional do Trabalho ns. 29 (Trabalho Forçado e Obrigatório) e 105 (Abolição do Trabalho Forçado), ambas ratificadas pelo Brasil (Decreto n. 41.721/1957 e Decreto-Lei n. 58.882/1966, respectivamente).

12. Não há, pois, como falar em violação do Princípio da Legalidade.

13. No mais, a impetrante alega que a redução do trabalhador à condição análoga à de escravo é crime (art. 149 do Código Penal) e, como tal, a constatação administrativa de sua prática só pode produzir efeitos após o trânsito em julgado de sentença condenatória, sob pena de violação do Princípio da Presunção de Inocência.

14. Como se sabe, no Direito brasileiro, as instâncias penal, civil e administrativa não se confundem. Vale dizer: se o processo administrativo observou os trâmites legais, e nele foi produzida prova suficiente para bem caracterizar a conduta reprovável, a sanção (ou, no caso dos autos, medida administrativa) pode ser aplicada independentemente de prévia condenação criminal.

15. No caso dos autos, conforme regra inscrita no art. 2º da Portaria n. 540/2004, a determinação para inclusão do nome da empresa no Cadastro foi tomada após decisão final em processo administrativo que observou os Princípios da Ampla Defesa e do Contraditório.

16. Vale lembrar que o processo administrativo rege-se pelos Princípios da Administração Pública, dentre os quais se destaca o Princípio da Publicidade. Daí a conclusão de que o Cadastro que veicula o nome das empresas que tiveram seus autos de infração declarados subsistentes, em processo administrativo regular, não penaliza a pessoa jurídica, apenas assegura transparência à atuação do Administrador, *in casu* também contribuindo para informar a sociedade sobre as ações dos órgãos públicos destinadas a erradicar o trabalho degradante no Brasil.

17. Ao contrário do afirmado pela impetrante, o art. 11 da Lei n. 10.593/2002, que dentre outros temas dispõe sobre a Carreira de Auditor-Fiscal do Trabalho, legitima a fiscalização realizada por esses agentes públicos.

18. A impetrante acrescenta que o Ministério Público do Trabalho esteve por duas vezes em suas dependências e não constatou a existência de trabalho escravo. Contudo, importa observar que a fiscalização pelo MPT e pelo Ministério do Trabalho são independentes, sem falar que a inspeção realizada pelo *Parquet* ocorreu em data bem anterior à fiscalização que ensejou a presente impetração.

19. Por fim, verificar a ausência de trabalho escravo na empresa demandaria análise de fatos e ampla dilação probatória, incompatível com o rito do Mandado de Segurança.

20. O trabalho escravo — e tudo o que a ele se assemelhe — configura gritante aberração e odioso desvirtuamento do Estado de Direito, sobretudo em era de valorização da dignidade da pessoa, dos direitos humanos e da função social da propriedade.

21. O Poder Público acha-se obrigado, pela Constituição e pelas leis, não só a punir com rigor o trabalho escravo e práticas congêneres, como a informar à sociedade sobre a sua ocorrência,

por meio de mecanismos como o cadastro de empregadores: em síntese, um modelo oposto ao silêncio-conivência da Administração, que até recentemente era a tônica da posição do Estado em temas de alta conflituosidade.

22. A rigor, a impetrante busca, pela via transversa do ataque ao cadastro de empregadores, impugnar os auspiciosos efeitos do Pacto Nacional pela Erradicação do Trabalho Escravo, o que não é objeto, nem poderia ser, do presente Mandado de Segurança.

23. Mandado de Segurança denegado, cassada a liminar anteriormente concedida e prejudicado o Agravo Regimental da União.

A questão foi, todavia, objeto de discussão judicial novamente. Por meio da Medida Cautelar na ADI 5.209, da Relatoria da Ministra Cármen Lúcia, e onde o então Ministro Presidente Ricardo Lewandowski, em 23 de dezembro de 2014, deferiu medida liminar "para suspender a eficácia da Portaria Interministerial MTE/SDH n. 2, de 12 de maio de 2011 e da Portaria MTE n. 540, de 19 de outubro de 2004, até o julgamento definitivo desta ação"(35).

Ato contínuo, houve a edição da Portaria Interministerial MTE e SDH n. 02, de 31 de março de 2015 (publicada em Diário Oficial da União em 1º.4.2015)(36), que revogou a portaria anterior. Essa portaria, todavia, em razão da liminar, não produziu efeitos. Pouco mais de um ano depois, editou-se novo instrumento normativo, a Portaria Interministerial MTPS e SDH n. 04, de 11 de maio de 2016, publicada no DOU de 13 de maio de 2016(37), e que, segundo o Ministério do Trabalho e Previdência Social:

> [B]usca oferecer, através de relevantes inovações, o aperfeiçoamento e a clareza quanto à inclusão de empregadores no Cadastro, disponibilizando-lhes a alternativa de firmar um Termo de Ajustamento de Conduta (TAC) ou acordo judicial com a União, onde figurem a Advocacia-Geral da União como representante, e o MTPS como área técnica, e cujo compromisso evita sua inclusão na relação padrão do Cadastro, sem prejuízo, em contrapartida, da divulgação e transparência concomitante de relação onde conste quais empregadores firmaram TAC ou acordo judicial nos termos da nova portaria(38).

Finalmente, em 16 de maio de 2016, a Ministra Cármen Lúcia, Relatora da ADI 5.209, em despacho, e em razão da revogação da Portaria Interministerial n. 2/2011, substituída pela de n. 2/2015 e, depois, pela de n. 4/2016, julgou prejudicada

(35) Disponível em: www.stf.jus.br.

(36) Disponível em: http://pesquisa.in.gov.br/imprensa/jsp/visualiza/index.jsp?data=01/04/2015&jornal=1&pagina=116&totalArquivos=140. Acesso em: 23 set. 2016.

(37) Disponível em: http://pesquisa.in.gov.br/imprensa/jsp/visualiza/index.jsp?data=13/05/2016&jornal=1&pagina=178&totalArquivos=304. Acesso em: 23 set. 2016.

(38) Disponível em: http://trabalho.gov.br/fiscalizacao-combate-trabalho-escravo/cadastro-de-empregadores. Acesso em: 23 set. 2016.

a ação, cassando a liminar deferida[39], tendo a ação baixado ao arquivo do STF em 17 de junho de 2016[40].

Registre-se que esse é um instrumento importante para coibir a prática do trabalho em condições análogas à de escravo e, manejado com racionalidade e com respeito à ampla defesa, não fere qualquer direito.

Mas, não termina aí. Agora há que se levar em consideração a possibilidade aberta pela Emenda Constitucional (EC) n. 81, de 5 de junho de 2014, que dispõe:

> Art. 1º O art. 243 da Constituição Federal passa a vigorar com a seguinte redação:
>
> "Art. 243. As propriedades rurais e urbanas de qualquer região do País onde forem localizadas culturas ilegais de plantas psicotrópicas ou a exploração de trabalho escravo na forma da lei serão expropriadas e destinadas à reforma agrária e a programas de habitação popular, sem qualquer indenização ao proprietário e sem prejuízo de outras sanções previstas em lei, observado, no que couber, o disposto no art. 5º.
>
> Parágrafo único. Todo e qualquer bem de valor econômico apreendido em decorrência do tráfico ilícito de entorpecentes e drogas afins e da exploração de trabalho escravo será confiscado e reverterá a fundo especial com destinação específica, na forma da lei."

A alteração do art. 243 da Constituição da República, esperada há mais de uma dezena de anos[41], todavia, nasceu sob o signo de uma impropriedade e de uma ameaça.

A impropriedade é inserir a expressão trabalho escravo na disposição constitucional, pois, em regime jurídico que não reconhece a escravidão, não há trabalho escravo, e sim trabalho em condições análogas à de escravo, conforme corretamente, como será visto desde o item 1 do capítulo seguinte, estabelece o art. 149 do Código Penal brasileiro. E isso não é somente uma questão de semântica, pois, mesmo que comumente se utilize a expressão trabalho escravo, isso ocorre em uma linguagem mais informal, o que é incabível em norma jurídica, especialmente na Constituição da República.

---

(39) O despacho está disponível em: www.stf.jus.br.

(40) O andamento processual da ADI 5.209 está disponível em: http://www.stf.jus.br/portal/processo/verProcessoAndamento.asp?incidente=4693021. Acesso em: 23 set. 2016.

(41) Em texto recente, Gustavo Filipe Barbosa Garcia saúda a alteração como justificada, pois, segundo o autor, "O direito de propriedade, assegurado no art. 5º, inciso XXII, da Constituição da República, como é evidente, deve ser exercido de forma lícita, não abusiva, devendo atender a sua função social (art. 5º, inciso XXIII, art. 170, inciso III, da CRFB/1988), o que não ocorre no caso da utilização para a prática de trabalho escravo" (*Nova emenda acerta ao punir uso do trabalho análogo à escravidão.* Disponível em: http://www.conjur.com.br/2014-jun-08/gustavo-garcia-emenda-acerta-punir-uso-trabalho-analogo-escravidao. Acesso em: 10 jun. 2014).

Imagino, todavia que, a partir de então, idêntico significado será dado às duas expressões, abstraindo-se a impropriedade apontada, sob pena de se ter uma hipótese não realizável[42].

Há também uma ameaça. É que a menção à "exploração de trabalho escravo na forma da lei", que, em perspectiva lógica, só poderia ser o art. 149 do Código Penal, na verdade reflete a tentativa de haver regulamentação que restrinja as hipóteses em que se reconhece o trabalho em condições análogas à de escravo, especialmente para retirar duas hipóteses que configuram, sim, trabalho escravo, mas incomodam os representantes dos setores em que mais há ocorrências desse ilícito: a jornada exaustiva e o trabalho em condições degradantes.

Iniciativa nesse sentido foi identificada no Projeto de Lei do Senado (PLS) n. 432, de 2013, em que, para os fins do que consta do art. 243 da Constituição da República, pretendia-se que o trabalho escravo fosse reconhecido somente na ocorrência das seguintes hipóteses: trabalho forçado, restrição de locomoção por dívida contraída, retenção do trabalhador em razão de vigilância ostensiva, sonegação de meios de transporte, e por se apoderar o tomador de documentos e bens pessoais do trabalhador, ou seja, hipóteses já previstas na legislação penal, com exclusão, como dito, da jornada exaustiva e das condições degradantes de trabalho. O projeto, apresentado inicialmente para ser aprovado junto com a EC n. 81, foi arquivado em 21 de dezembro de 2018, ao final da legislatura[43].

Não obstante ainda não tenha havido sucesso, caso ocorra essa regulamentação restritiva, em qualquer das hipóteses, ou seja, para os fins do art. 243 da Constituição da República, ou para alterar o art. 149 do Código Penal, e qualquer uma dessas novas normas permaneça no mundo jurídico, sendo considerada válida, haverá um retrocesso incompatível com toda a sustentação teórica que justifica o fato de o trabalho em condições análogas à de escravo poder ocorrer sem uma restrição direta à liberdade de locomoção, como será visto nos Capítulos III e IV.

Importante observar que essa tentativa de reação via Poder Legislativo é reflexo da maior eficácia no combate ao trabalho escravo, não obstante as inúmeras dificuldades ainda existentes. Passo importante, por oportuno, ocorreu a partir de decisões do Supremo Tribunal Federal a respeito, em 2006 e 2012, e que serão exploradas nos capítulos seguintes.

---

(42) Esse é um dos problemas deste País, e que se acentua no Congresso Nacional com muita frequência: a absoluta falta de respeito para com a técnica e para com a ciência. As normas são construídas como os parlamentares querem, sem respeito à norma culta e a todo o conhecimento teórico construído em relação aos fatos que são regulamentados. É como se as normas jurídicas fossem construídas para não serem aplicadas, havendo sempre uma válvula de escape para possibilitar o seu não cumprimento.

(43) Disponível em: https://www25.senado.leg.br/web/atividade/materias/-/materia/114895. Acesso em: 31 jan. 2020.

Cabe registrar, também, que o combate ao trabalho escravo no Brasil ultrapassou a esfera interna, já tendo sido discutidos casos de ocorrência de trabalho escravo no Brasil em organismos internacionais. Dois casos importantes mostram isso, e eles envolvem fatos ocorridos na Amazônia, no caso, no Estado do Pará.

O primeiro deles é o caso conhecido como "José Pereira"[44], e que resultou em uma solução amistosa. Como consta do Relatório da comissão, já indicado em nota imediatamente acima.

> Em 16 de dezembro de 1994, as organizações não governamentais Américas Watch e Centro pela Justiça e o Direito Internacional (CEJIL) apresentaram uma petição à Comissão Interamericana de Direitos Humanos (doravante denominada "Comissão" ou "Comissão Interamericana"), contra a República Federativa do Brasil (doravante denominada "Estado", "Brasil", ou "Estado brasileiro"), na qual alegaram fatos relacionados com uma situação de trabalho "escravo", e violação do direito à vida e direito à justiça na zona sul do Estado de Pará.

O caso envolvia José Pereira e outro trabalhador, conhecido pela alcunha de "Paraná", possivelmente morto quando ambos tentavam escapar da fazenda Espírito Santo, e resultou em conciliação entre as peticionárias e o Estado brasileiro que, além de reconhecer sua responsabilidade no plano internacional, assumiu compromissos relativos ao julgamento dos responsáveis, bem como e principalmente, à adoção de uma série de medidas preventivas, reparatórias — o trabalhador José Pereira percebeu de indenização R$ 52.000,00, por determinação da Lei n. 10.706/2003 —, fiscalizatórias, e até de alterações do ponto de vista normativo.

O outro caso, em que foi o Brasil condenado internacionalmente por omissão em hipótese em que houve a prática de trabalho escravo, foi julgado pela Corte Interamericana de Direitos Humanos, e é denominado Caso Trabalhadores da Fazenda Brasil Verde *x* Brasil[45].

Encerrando este capítulo, penso que é importante fazer o registro de iniciativa do Estado de São Paulo que, por meio da Lei n. 14.946, de 28 de janeiro de 2013 (DOE-SP de 29 de janeiro de 2013), que: "Dispõe sobre cassação da inscrição no cadastro de contribuintes do Imposto sobre Operações Relativas à Circulação de Mercadorias e sobre Prestações de Serviços de Transporte Interestadual e Intermunicipal e de Comunicação

---

(44) Relatório n. 95/03. Caso 11.289. 24 de outubro de 2003. Disponível em: https://cidh.oas.org/annualrep/2003port/Brasil.11289.htm. Acesso em: 13 jul. 2016.

(45) A sentença está disponível em: http://www.corteidh.or.cr/docs/casos/articulos/seriec_318_por.pdf. Acesso em: 31 jan. 2020.

— ICMS, de qualquer empresa que faça uso direto ou indireto de trabalho escravo ou em situações análogas"[46], criou medida administrativa importante para coibir a prática do trabalho em condições análogas à de escravo, que pode até ter seus efeitos limitados a somente um estado-membro da Federação, mas, é claramente mais uma medida de desestímulo a um comportamento ilícito e condenável.

(46) Disponível em: http://www.al.sp.gov.br/norma/?id=169311. Acesso em: 31 jan. 2020.

Noções Gerais

Capítulo II

Feitas no Capítulo I as primeiras considerações, neste capítulo inicio a tarefa a que me proponho, primeiro com a indicação de quais são as denominações que utilizo, considerando a multiplicidade de termos que são usados quando se discute a matéria.

Quero, também, situar a análise do trabalho escravo dentro do universo mais amplo que é o trabalho decente, até porque, como será visto mais à frente, o bem jurídico principalmente protegido pelo art. 149 do Código Penal Brasileiro (CPB) é a dignidade da pessoa humana, e é ela que justifica, no âmbito das relações laborais, o conjunto de normas que se denomina de *trabalho decente*.

Por fim, neste Capítulo II, entendo ser conveniente, desde logo, demonstrar como a questão do trabalho escravo é tratada no plano do Direito Internacional, e como se deve, genericamente, relacionar os instrumentos normativos da Organização das Nações Unidas (ONU) e da Organização Internacional do Trabalho (OIT) com a realidade normativa brasileira. É que, mais à frente, nos momentos apropriados, voltarei a fazer essa relação, de forma específica, ou seja, relacionando instrumentos internacionais determinados a modos de execução também expressamente indicados.

II.1. Denominação

Considerando as inúmeras denominações que são utilizadas para indicar o trabalho escravo, creio que a primeira tarefa deve ser fixar, justificando, a denominação, ou denominações, que vou utilizar.

Nos termos da lei, no caso o art. 149 do Código Penal, como indicado acima, a denominação própria para o ato ilícito em gênero é *trabalho em condições análogas à de escravo*. É a mais adequada, pois, de fato, o que acontece, nessa prática, é a utilização do trabalhador em condições que se assemelham à escravidão, não esta em si, que é juridicamente proibida.

Esse é o ensinamento de Nelson Hungria, que dizia: "Refere-se o texto legal à '*condição análoga à de escravo*', deixando bem claro que não se cogita de redução à escravidão, que é um conceito jurídico, isto é, pressupondo a possibilidade legal do *domínio* de um homem sobre outro"(47).

Nada impede, todavia, que se utilize — o que faço com frequência — essa expressão de forma mais reduzida, ou seja, *trabalho escravo*. É preciso ter em mente, entretanto, que esta é apenas uma forma reduzida da expressão mais ampla e utilizada pela lei. Pois, não sendo a escravidão, como dito, prática admitida pelo ordenamento jurídico, não se pode admitir que a pessoa humana, no plano do Direito, mesmo em razão da conduta ilícita de outrem, possa vir a ser escrava(48); no máximo, ela estará em condição análoga à de escravo.

Trabalho escravo, ressalto, é expressão que tem conotação forte, sendo quase impossível não utilizá-la; apenas deve-se ter em mente seu efetivo sentido, o que revela, em definitivo, a impropriedade de seu uso na alteração do art. 243 da Constituição da República, como acentuado um pouco antes, no Capítulo I.

Essas são as duas denominações que utilizo neste estudo, e com o mesmo significado, devendo a segunda (trabalho escravo), repito, ser considerada somente como uma versão reduzida da primeira (trabalho em condições análogas à de escravo), não com sentido distinto.

Há outras denominações que são utilizadas, embora não por mim, neste livro. *Trabalho escravo contemporâneo* é possivelmente a mais comum, e é denominação usada por Sento-Sé, e ainda, segundo este autor, por Roberto Araújo de Oliveira Santos(49); já *formas modernas de escravidão*, é denominação referida, de passagem, por Luís Antônio Camargo de Melo(50).

---

(47) *Comentários ao Código Penal. Decreto-Lei n. 2.848, de 7 de dezembro de 1940*. 4. ed. Rio de Janeiro: Forense, 1958. p. 199. v. VI, arts. 137 a 154.

(48) Georgenor de Sousa Franco Filho, autor que rejeita a expressão "trabalho escravo", deixa claro que o trabalho em que há cerceamento da liberdade, e que é um problema internacional, e não apenas do Brasil, não deve ser chamado trabalho escravo, pois a escravidão "foi proscrita formalmente do direito brasileiro em 1888, quando sancionada a Lei Áurea" (Combate ao trabalho forçado. *O Liberal*, caderno Painel, p. 9, 9.3.2003).

(49) *Trabalho escravo no brasil*. São Paulo: LTr, 2000. p. 25.

(50) Premissas para um eficaz combate ao trabalho escravo. *Revista do MPT*, Brasília: Procuradoria Geral do Trabalho; São Paulo: LTr, n. 26, p. 11, set. 2003.

Não obstante possam ser expressões utilizadas, não devem, penso, ser consideradas como dotadas de sentido, do ponto de vista técnico, além de, ao pretenderem soar temporais, não indicarem com precisão o momento histórico de sua ocorrência. Basta aqui ver que se utilizam dois períodos distintos da história da humanidade (idades moderna e contemporânea) para designar o mesmo momento histórico.

Não se enxergue, porém, uma crítica feroz às expressões, até porque reconheço que são manejadas com frequência; apenas entendo que não expressam adequadamente o fenômeno que estou a estudar, ao menos não do ponto de vista técnico-jurídico.

Por fim, para encerrar este breve item, não deve haver confusões entre trabalho em condições análogas à de escravo, ou, simplificadamente, trabalho escravo, e trabalho forçado, que é a denominação utilizada pela Organização Internacional do Trabalho. No Brasil, nos termos do que é disciplinado no art. 149 do Código Penal Brasileiro, o trabalho forçado é um dos modos de execução do trabalho escravo, ou, caso se queira usar palavra mais palatável para todas as disciplinas jurídicas, uma das espécies de trabalho escravo, como será melhor visto no Capítulo IV.

II.2. O trabalho escravo como antítese do trabalho decente

O trabalho escravo, como será mais bem explicitado mais adiante, especialmente quando eu for discutir os bens jurídicos protegidos, não deve ser visto em contexto restrito, como já ocorreu, de ser apenas fenômeno caracterizado pela restrição da liberdade de locomoção do trabalhador; é mais que isso, é uma ofensa ao que se denomina *trabalho decente*.

Para que isso seja apreendido com exatidão, é preciso primeiro caracterizar o que significa *trabalho decente*.

O melhor, para razoável compreensão da expressão, é desde logo indicar sua definição, tentando depois explicá-la: trabalho decente é aquele em que são respeitados os direitos mínimos do trabalhador, necessários à preservação de sua dignidade[51].

É que, não obstante seja possível pensar em proteção ampla para os trabalhadores, mais que isso, embora seja importante para todas as sociedades, que aqueles que vivem de sua força de trabalho tenham a mais eficiente proteção, é utópico pensar que em todos os lugares do planeta a proteção será igual, e em nível ótimo.

Por outro lado, quando se fala em Direitos Humanos, está-se falando em conjunto mínimo de direitos que permitem ao ser humano viver com dignidade. Nesses termos,

(51) A respeito da dignidade, especialmente o que ela significa, e qual a base teórica que utilizo para sua compreensão, trato da questão no capítulo seguinte, quando discuto os bens jurídicos tutelados pelo art. 149 do Código Penal.

cabe aduzir que é a dignidade o parâmetro que deve ser utilizado para definir o que deve ser considerado como integrante dos Direitos Humanos.

Nessa linha de raciocínio, é no conjunto mínimo aludido, aplicado ao ser humano trabalhador, que se deve pensar, fixando quais os direitos mínimos que devem ser reconhecidos para que se possa falar em trabalho decente.

Para chegar a esse mínimo, e partindo das normas internacionais, é possível verificar que dito conjunto pode ser extraído tanto do Pacto Internacional dos Direitos Econômicos, Sociais e Culturais da Organização das Nações Unidas, como das Convenções Fundamentais da Organização Internacional do Trabalho — OIT.

Começando pelas últimas, são elas as que tratam da liberdade sindical (87 e 98), da proibição de trabalho forçado (29 e 105), da proibição de trabalho abaixo da idade mínima (138 e 182), e da proibição de discriminação (100 e 111)), e do meio ambiente do trabalho seguro e saudável (155 e 187)[(52)].

A propósito, cabe dizer que, na atualidade, garantir o trabalho decente é o primeiro dos objetivos da OIT, no processo de modernização e renovação que empreende. Isso fica claro nas Memórias do Diretor Geral da Organização, relativamente à 89ª Reunião da Conferência Internacional do Trabalho (2001), quando, listando os objetivos de seu Programa, indica, ao início, a proposta de "Centrar las energías de la OIT en el trabajo decente como una de las principales demandas globales de nuestra época"[(53)].

Esse objetivo permanece, como pode ser verificado da Declaração do Centenário da OIT, onde consta que a Conferência afirma que *"B. É imperativo agir com urgência para aproveitar todas as oportunidades para construir um futuro do trabalho mais justo, inclusivo e mais seguro, com pleno emprego e trabalho digno para todos"*[(54)], até porque o conjunto normativo que caracteriza o trabalho decente reflete os direitos mais fundamentais dos trabalhadores.

---

(52) As convenções fundamentais em matéria de trabalho estão definidas, primeiro, na Declaração da OIT sobre os princípios e direitos fundamentais no trabalho, de 1998, que listou as de n. 87 e 98, 29 e 105, 138 e 182, 100 e 111, e, depois, em deliberação durante a Conferência Internacional do Trabalho de 2022, quando foram incluídas as de n. 155 e 187. Destas convenções o Brasil somente não ratificou as de n. 87 e 187, no caso da primeira indicada, a 87, porque prescreve modelo de liberdade sindical que o ordenamento constitucional brasileiro não admite, especialmente no aspecto da liberdade sindical coletiva de organização, que não podemos adotar em razão da unicidade sindical prevista no art. 8º, II, da Constituição da República. Ver mais a respeito no meu livro Direito sindical (9. ed. São Paulo: LTr, 2021).

(53) ORGANIZAÇÃO INTERNACIONAL DO TRABALHO. *Reducir el deficit de trabajo decente:* un desafío global. 1. ed. Genebra: Oficina Internacional do Trabalho, 2001. p. 1.

(54) Organização Internacional do Trabalho. *Documento final do Centenário da OIT.* Genebra — Suíça: Bureau Internacional do Trabalho, 2019. Disponível em https: //www.ilo.org/wcmsp5/groups/public/---europe/---ro-geneva/---ilo-lisbon/documents/publication/wcms_706928.pdf. Acesso em: 28 jan. 2019.

Pode-se ainda, como dito, verificar esse conjunto mínimo no Pacto Internacional dos Direitos Econômicos, Sociais e Culturais — PIDESC, aprovado na XXI Sessão da Assembleia Geral das Nações Unidas, em New York, em 19 de dezembro de 1966, após ratificado pelo Brasil em 24 de janeiro de 1992, vigente em nosso país desde 24 de abril do mesmo ano[(55)], nos arts. 6º a 9º.

A vantagem do PIDESC em relação às Convenções Fundamentais da OIT, a propósito, é que ele indica direitos em maior número, e direitos que são, de fato, indispensáveis para que os trabalhadores tenham o respeito à sua dignidade[(56)].

De qualquer sorte, com base nos textos acima, de validade internacional, pode-se, em síntese, fazendo desde logo pequena divisão, listar como direitos mínimos do homem-trabalhador os seguintes: no plano individual tem-se o direito ao trabalho, base sobre a qual se assentam todos os demais, que dele são desdobramentos, e que pode ser analisado de diversas formas, sendo, principalmente, obrigação do Estado de criar condições para que o trabalhador possa exercer ocupação que lhe permita e à sua família subsistir, além de: liberdade no trabalho; igualdade de oportunidades para e no exercício do trabalho; direito de exercer o trabalho em condições que preservem a saúde e a segurança do trabalhador; direito a uma justa remuneração; direito a justas condições de trabalho, principalmente limitação da jornada de trabalho e existência de períodos de repouso; e proibição do trabalho da criança e restrições ao trabalho do adolescente. No rol dos direitos mínimos há, ainda, no plano coletivo, a liberdade sindical, e no plano da seguridade social, a proteção contra o desemprego e outros riscos sociais.

Finalizando o item, esses direitos mínimos do homem-trabalhador é que devem caracterizar o que se denomina trabalho decente. Menos que isso é sujeitar o trabalhador a condições de trabalho que estão abaixo do necessário para que seja preservada sua dignidade.

Trabalho decente, então, elastecendo o sintético conceito apresentado ao início do item, é o conjunto mínimo de direitos do trabalhador, necessários à preservação de sua dignidade, e que corresponde: à existência de trabalho; à liberdade de trabalho; à igualdade no trabalho; ao trabalho com condições justas, incluindo a remuneração, e que preservem sua saúde e segurança; à proibição do trabalho da criança e a restrições ao trabalho do adolescente; à liberdade sindical; e à proteção contra os riscos sociais[(57)].

Registro que a Assembleia Geral da Organização das Nações Unidas endossou esta Declaração da OIT em setembro de 2019 (disponível em https://www.ilo.org/brasilia/noticias/WCMS_719275/lang--pt/index.htm. Acesso em: 28 jan. 2020).

(55) Conforme informações constantes da obra *Convenções da OIT*, de Arnaldo Süssekind (São Paulo: LTr, 1994. p. 537).

(56) Volto a falar do PIDESC no item seguinte.

(57) Ver mais a respeito no meu livro *Trabalho decente* (5. ed. São Paulo: LTr, 2018).

Negar o trabalho nessas condições, dessa feita, é negar os Direitos Humanos do trabalhador[58] e, portanto, atuar em oposição aos princípios básicos que os regem, principalmente o maior deles, a dignidade da pessoa humana. Como afirmado pela OIT, "en todas partes, y para todos, el trabajo decente es un medio para garantizar la dignidad humana"[59].

Quando ocorre o trabalho escravo o que acontece é a negação desses direitos básicos, pois, quem é tratado de forma semelhante à de escravo seguramente não usufrui, ao menos de forma razoável, de qualquer dos direitos acima listados, e não só de sua liberdade, em sentido mais restrito, como também será visto mais à frente. É que, no Brasil, como será repetido diversas vezes, o dispositivo legal que rege a questão vai além do impedimento à restrição de locomoção, considerando que há trabalho escravo em contexto bem mais amplo.

II.3. O trabalho escravo e os instrumentos normativos internacionais

Há diversos instrumentos internacionais a respeito do trabalho escravo, e que o Brasil ratifica, quando é o caso. Não necessariamente tratam da temática nos mesmos termos que a legislação nacional, mas, além de serem importantes como textos de referência para o enfrentamento da questão, são compatíveis como a legislação interna brasileira.

O que é importante é compreendê-los adequadamente e, especialmente, conseguir fazer a relação entre a legislação interna e os instrumentos normativos internacionais.

De início é preciso registrar que a sujeição extremada de um ser humano a outro, qualquer que seja a sua forma, pela escravidão, por condições assemelhadas à escravidão, pela servidão em qualquer de suas formas, é prática repudiada de forma absoluta pelo Direito Internacional, tanto que, como assinala Gabrielle Timóteo, "há um consenso na comunidade internacional: a proibição da escravidão alcançou *status* de norma imperativa de Direito Internacional geral", o que faz com que se reconheça sua inderrogabilidade, nos termos do art. 53 da Convenção de Viena sobre o Direito dos Tratados de 1969[60].

---

(58) Para Vito Palo Neto, "o trabalho escravo não se limita à infração de questões trabalhistas, mas é uma grave violação de direitos humanos" (*Conceito jurídico e combate ao trabalho escravo contemporâneo*. São Paulo: LTr, 2008. p. 96).

(59) ORGANIZAÇÃO INTERNACIONAL DO TRABALHO. *Reducir el deficit de trabajo decente:* un desafío global. 1. ed. Genebra: Oficina Internacional do Trabalho, 2001. p. 9.

(60) TIMÓTEO, Gabrielle Louise Soares. Normativos Internacionais e escravidão. *In:* FIGUEIRA, Ricardo Rezende e outros (orgs.). *Privação de liberdade ou atentado à dignidade*: escravidão contemporânea. Rio de janeiro: Mauad X, 2013. p. 121.

Ainda a respeito desse repúdio, ensina Flávia Piovesan:

> A proibição do trabalho escravo é absoluta no Direito Internacional dos Direitos Humanos, não contemplando qualquer exceção. Vale dizer, em nenhum caso poderão invocar-se circunstâncias excepcionais, como ameaça ou estado de guerra, instabilidade política interna ou qualquer outra emergência pública, como justificativa para o tratamento escravo. Tal proibição integra o *jus cogens*, que é o direito cogente e inderrogável no âmbito internacional. Tal como o direito de não ser submetido à tortura, o direito a não ser submetido à escravidão é um direito absoluto, insuscetível de qualquer relativização ou flexibilização, a não permitir qualquer juízo de ponderação.(61)

A respeito dos textos, mas sem pretender fazer uma classificação rígida, muito menos segui-la a partir daqui — pois minha ideia é somente fazer um panorama de textos que são importantes para a compreensão a respeito da caracterização do trabalho escravo —, é possível dizer que eles podem ser vislumbrados, entre outros, a partir de dois aspectos. Primeiro, é possível separar esses textos em genéricos, que são textos internacionais a respeito de Direitos Humanos em que a proibição das diversas formas de sujeição extremada de um ser humano a outro está registrada, e textos específicos, que são instrumentos normativos voltados estritamente para a temática. É possível, também, dividir os instrumentos entre aqueles em que há total proibição da escravidão e de outras formas de restrição à liberdade e aos direitos básicos dos seres humanos, de outros em que, como que em um período de transição, certas práticas ainda eram toleradas.

No primeiro exemplo das duas classificações, texto genérico e em que não se aceita, de forma alguma, a escravidão e outras práticas, há a Declaração Universal dos Direitos Humanos — DUDH, em que há, por exemplo, o art. IV, que prevê que: "Ninguém será mantido em escravidão ou servidão, a escravidão e o tráfico de escravos serão proibidos em todas as suas formas", além de outras disposições mais genéricas"(62).

Além do mais, como salienta Débora Maria Ribeiro Neves, há também o art. XXIII(63), e, acrescento, o art. XXIV. Esses dispositivos, ao fixarem os direitos básicos dos trabalhadores, indicam as condições de trabalho que, não respeitadas, são o caminho para que se entenda, principalmente, pela degradação, que define um dos modos de execução do trabalho escravo.

---

(61) Trabalho escravo e degradante como forma de violação aos direitos humanos. *In:* VELLOSO, Grabrel; FAVA, Marcos Neves (orgs.). *Trabalho escravo contemporâneo*: o desafio de superar a negação. São Paulo: LTr, 2006. p. 161-162.

(62) O texto integral da DUDH pode ser visto em: http://portal.mj.gov.br/sedh/ct/legis_intern/ddh_bib_inter_universal.htm. Acesso em: 11 jun. 2014.

(63) *Trabalho escravo e aliciamento.* São Paulo: LTr, 2012. p. 18.

A propósito da Declaração, que foi aprovada em 10 de dezembro de 1948, em Paris, França, pela Assembleia Geral das Nações Unidas, deve ser considerada o mais importante instrumento internacional a respeito dos Direitos Humanos. Segundo José Gregori, muito embora a Declaração tenha sido precedida por outras cartas de direitos, foi ela "o primeiro documento que estabeleceu um ideal comum a ser atingido por todos os povos e nações"(64).

A DUDH, apesar de ser, nas palavras de Fábio Konder Comparato, tecnicamente "uma *recomendação* que a Assembleia Geral das Nações Unidas faz aos seus membros", não é destituída de força vinculante, visto que: "Reconhece-se hoje, em toda parte, que a vigência dos direitos humanos independe de sua declaração em constituições, leis e tratados internacionais, exatamente porque se está diante de exigências de respeito à dignidade humana, exercidas contra todos os poderes estabelecidos, oficiais ou não"(65).

Outros dois documentos genéricos de Direitos Humanos importantes, e que materializam, em definitivo, no plano do Direito, as normas da DUDH, são os dois Pactos Internacionais de Direitos Humanos: o Pacto Internacional sobre Direitos Civis e Políticos — PIDCP, e o Pacto Internacional sobre Direitos Econômicos, Sociais e Culturais — PIDESC, ambos de 1966, e ratificados pelo Brasil.

Do primeiro, o PIDCP, importante observar o art. 8º, que prescreve:

> ART. 8º
>
> 1. Ninguém poderá ser submetido à escravidão; a escravidão e o tráfico de escravos, em todas as suas formas, ficam proibidos.
>
> 2. Ninguém poderá ser submetido à servidão.
>
> 3. a) Ninguém poderá ser obrigado a executar trabalhos forçados ou obrigatórios;
>
> b) A alínea *a* do presente parágrafo não poderá ser interpretada no sentido de proibir, nos países em que certos crimes sejam punidos com prisão e trabalhos forçados, o cumprimento de uma pena de trabalhos forçados, imposta por um tribunal competente;
>
> c) Para os efeitos do presente parágrafo, não serão considerados "trabalhos forçados ou obrigatórios":
>
> i) qualquer trabalho ou serviço, não previsto na alínea *b* normalmente exigido de um indivíduo que tenha sido encarcerado em cumprimento de decisão judicial ou que, tendo sido objeto de tal decisão, ache-se em liberdade condicional;
>
> ii) qualquer serviço de caráter militar e, nos países em que se admite a isenção por motivo de consciência, qualquer serviço nacional que a lei venha a exigir daqueles que se oponham ao serviço militar por motivo de consciência;

---

(64) A declaração universal e a cultura dos direitos humanos. *In:* MARCÍLIO, Maria Luiza e outro (coords.). *Cultura dos direitos humanos*. São Paulo: LTr, 1998. p. 37.

(65) *A afirmação histórica dos direitos humanos*. São Paulo: Saraiva, 1999. p. 209-210.

iii) qualquer serviço exigido em casos de emergência ou de calamidade que ameacem o bem-estar da comunidade;

iv) qualquer trabalho ou serviço que faça parte das obrigações cívicas normais.[(66)]

Já no PIDESC são relevantes os arts. 6º a 9º, já indicados no item anterior, quando tratei do trabalho decente, e que preceituam:

ART. 6º

1. Os Estados-Partes do presente Pacto reconhecem o direito ao trabalho, que compreende o direito de toda pessoa de ter a possibilidade de ganhar a vida mediante um trabalho livremente escolhido ou aceito, e tomarão medidas apropriadas para salvaguardar esse direito.

2. As medidas que cada Estado-Parte do presente Pacto tomará a fim de assegurar o pleno exercício desse direito deverão incluir a orientação e a formação técnica e profissional, a elaboração de programas, normas e técnicas apropriadas para assegurar um desenvolvimento econômico, social e cultural constante e o pleno emprego produtivo em condições que salvaguardem aos indivíduos o gozo das liberdades políticas e econômicas fundamentais.

ART. 7º

Os Estados-Partes do presente Pacto reconhecem o direito de toda pessoa de gozar de condições de trabalho justas e favoráveis, que assegurem especialmente:

a) Uma remuneração que proporcione, no mínimo, a todos os trabalhadores:

i) Um salário equitativo e uma remuneração igual por um trabalho de igual valor, sem qualquer distinção; em particular, as mulheres deverão ter a garantia de condições de trabalho não inferiores às dos homens e perceber a mesma remuneração que eles por trabalho igual;

ii) Uma existência decente para eles e suas famílias, em conformidade com as disposições do presente Pacto;

b) A segurança e a higiene no trabalho;

c) Igual oportunidade para todos de serem promovidos, em seu trabalho, à categoria superior que lhes corresponda, sem outras considerações que as de tempo de trabalho e capacidade;

d) O descanso, o lazer, a limitação razoável das horas de trabalho e férias periódicas remuneradas, assim como a remuneração dos feridos.

ART. 8º

1. Os Estados-Partes do presente Pacto comprometem-se a garantir:

a) O direito de toda pessoa de fundar com outras, sindicatos e de filiar-se ao sindicato de escolha, sujeitando-se unicamente aos estatutos da organização interessada, com o objetivo de promover e de proteger seus interesses econômicos e sociais. O exercício desse direito só poderá ser ob-

---

(66) O PIDCP foi aprovado, no Brasil, pelo Congresso Nacional, por meio do Decreto Legislativo n. 226, de 12 de dezembro de 1991, e promulgado pelo Presidente da República pelo Decreto n. 592, de 6 de julho de 1992. Pode ser visto, na versão oficial em português, em: http://www.planalto.gov.br/ccivil_03/decreto/1990-1994/D0592.htm. Acesso em: 11 jun. 2014.

jeto das restrições previstas em lei e que sejam necessárias, em uma sociedade democrática, no interesse da segurança nacional ou da ordem pública, ou para proteger os direitos e as liberdades alheias;

b) O direito dos sindicatos de formar federações ou confederações nacionais e o direito destas de formar organizações sindicais internacionais ou de filiar-se às mesmas;

c) O direito dos sindicatos de exercer livremente suas atividades, sem quaisquer limitações além daquelas previstas em lei e que sejam necessárias, em uma sociedade democrática, no interesse da segurança nacional ou da ordem pública, ou para proteger os direitos e as liberdades das demais pessoas;

d) O direito de greve, exercido de conformidade com as leis de cada país.

2. O presente artigo não impedirá que se submeta a restrições legais o exercício desses direitos pelos membros das forças armadas, da política ou da administração pública.

3. Nenhuma das disposições do presente artigo permitirá que os Estados-Partes da Convenção de 1948 da Organização Internacional do Trabalho, relativa à liberdade sindical e à proteção do direito sindical, venham a adotar medidas legislativas que restrinjam — ou a aplicar a lei de maneira a restringir as garantias previstas na referida Convenção.

ART. 9º

Os Estados-Partes do presente Pacto reconhecem o direito de toda pessoa à previdência social, inclusive ao seguro social.(67)

As disposições dos dois Pactos, acima transcritas, combinadas, sustentam a ideia estabelecida no art. 149 do Código Penal, ao menos de forma ampla, pois, além de oferecerem oposição à escravidão ou a qualquer forma de trabalho forçado, fixam os direitos básicos dos trabalhadores, que devem ser respeitados, sob pena de configurar trabalho em condições degradantes, e até outros modos de execução do art. 149, como a jornada exaustiva (ver, por exemplo, o art. 7º, letra "d"), o que, em outras palavras, já havia sido enunciado em relação à DUDH.

Ainda em relação a instrumentos normativos internacionais genéricos e que não aceitam nenhuma forma de escravidão ou assemelhadas, mas agora no plano regional, ou seja, do Continente Americano, há também o Pacto de São José da Costa Rica, que é a Convenção Americana sobre Direitos Humanos — CADH, e o Protocolo de San Salvador, que é o protocolo adicional à CADH que trata dos direitos econômicos, sociais e culturais.

---

(67) O PIDESC foi aprovado, no Brasil, pelo Congresso Nacional, por meio do Decreto Legislativo n. 226, de 12 de dezembro de 1991, e promulgado pelo Presidente da República pelo Decreto n. 591, de 6 de julho de 1992. Está disponível, na versão oficial em português, em: http://www.planalto.gov.br/ccivil_03/decreto/1990-1994/D0591.htm. Acesso em: 11 jun. 2014.

O primeiro, a CADH, no art. 6º, dispõe a respeito da proibição da escravidão, da servidão e de trabalhos forçados[68]. O Protocolo, por sua vez, repetindo a mesma lógica verificada entre PIDCP e PIDESC, prevê, nos arts. 6º a 9º, os direitos básicos dos trabalhadores[69].

Há instrumentos específicos, por outro lado. Eles, como se pode observar claramente, ao menos os mais antigos, são, pode-se dizer, mais condescendentes com a escravidão ou práticas assemelhadas, até pelo momento e pelas circunstâncias em que foram produzidos, não obstante isso não seja justificativa plausível para tal condescendência.

Um exemplo é a Convenção sobre a Escravatura, assinada em Genebra, em 25 de setembro de 1926, e emendada pelo Protocolo Aberto à assinatura ou aceitação na Sede da Organização das Nações Unidas, New York, de 7 de dezembro de 1953[70].

É uma convenção que, não obstante exorte os Estados a abolir a escravidão e o tráfico de escravos, ainda os aceita, mesmo que temporariamente, pugnando por sua eliminação progressiva, como se observa do art. 2º:

> Art. 2º
>
> As Altas Partes contratantes se comprometem, na medida em que ainda não hajam tomado as necessárias providências, e cada uma no que diz respeito aos territórios colocados sob a sua soberania, jurisdição, proteção, suserania ou tutela:
>
> a) a impedir e reprimir o tráfico de escravos;
>
> b) a promover a abolição completa da escravidão sob todas as suas formas progressivamente e logo que possível.

De outro lado, a Convenção faz distinção entre escravidão e trabalho forçado, como se verifica do art. 5º, indicando que os Estados devem tomar as providências necessárias para evitar que o trabalho forçado ou obrigatório venha a produzir condições análogas à escravidão. Aceita, ainda, o trabalho forçado se for público, mas não privado,

---

(68) No Brasil, a Convenção americana sobre Direitos Humanos foi promulgada pelo Decreto n. 678, de 6.11.1992. Seu texto em português, na versão oficial, está disponível em: http://www.planalto.gov.br/ccivil_03/decreto/1990-1994/anexo/and678-92.pdf. Acesso em: 7 maio 2014.

(69) O Protocolo de San Salvador foi aprovado, no Brasil, pelo Congresso Nacional, por meio do Decreto Legislativo n. 56, de 19 de abril de 1995, e promulgado pelo Presidente da República pelo Decreto n. 3.321, de 30 de dezembro de 1999. Versão em português está no site da Comissão Interamericana de Direitos Humanos, disponível em: http://www.cidh.oas.org/basicos/portugues/e.Protocolo_de_San_Salvador.htm. Acesso em: 12 jun. 2014.

(70) Aprovada, no Brasil, pelo Congresso Nacional pelo Decreto Legislativo n. 66, de 1965, e promulgada pelo *Decreto Presidencial n. 58.563, de 1º.6.1966*. Disponível em: http://www.direitoshumanos.usp.br/index.php/OIT-Organiza%C3%A7%C3%A3o-Internacional-do-Trabalho/convencao-suplementar-sobre-abolicao-da-escravatura-do-trafico-de-escravos-e-das-instituicoes-e-praticas-analogas-a-escravatura-1956.html. Acesso em: 12 jun. 2014.

de qualquer forma, entendendo que este é um trabalho que deve ser remunerado, que registra dever ser adequada. A esse respeito, Gabrielle Timóteo acentua essa distinção nítida, devendo ser entendido que o trabalho é considerado forçado porque é obrigatório, mas, não configura escravidão, ou condição análoga a esta, a não ser que um descambe para o outro(71).

A propósito, dispõe o art. 5º:

> Art. 5º
>
> As Altas Partes contratantes reconhecem que o recurso ao trabalho forçado ou obrigatório pode ter graves consequências e se comprometem, cada uma no que diz respeito aos territórios submetidos à sua soberania, jurisdição, proteção suserania ou tutela, a tomar as medidas necessárias para evitar que o trabalho forçado ou obrigatório produza condições análogas à escravidão.
>
> Fica entendido que:
>
> 1º Sob reserva das disposições transitórias enunciadas no § 2º abaixo, o trabalho forçado ou obrigatório somente pode ser exigido para fins públicos;
>
> 2º Nos territórios onde ainda existe o trabalho forçado ou obrigatório para fins que não sejam públicos, as Altas Partes contratantes se esforçarão por acabar com essa prática, progressivamente e com a maior rapidez possível, e enquanto subsistir, o trabalho forçado ou obrigatório só será empregado a título excepcional, contra remuneração adequada e com a condição de não poder ser imposta a mudança do lugar habitual de residência;
>
> 3º Em todos os casos, as autoridades centrais competentes do território interessado assumirão a responsabilidade do recurso ao trabalho forçado ou obrigatório.

Nesses termos, a Convenção de 1926, excetuando as definições que apresenta, e a preocupação com a ocorrência de tais fatos, não oferece maiores contribuições à discussão no Brasil, pois, por exemplo, pelo art. 149 do Código Penal, não se faz essa distinção entre uma situação e outra, sendo o trabalho forçado um dos modos para a identificação do trabalho em condições análogas à escravidão.

Do mesmo período histórico é a Convenção n. 29 da Organização Internacional do Trabalho, concernente ao trabalho forçado ou obrigatório, adotada em Genebra,

---

(71) TIMÓTEO, Gabrielle Louise Soares. Normativos internacionais e escravidão. *In:* FIGUEIRA, Ricardo Rezende e outros (orgs.). *Privação de liberdade ou atentado à dignidade*: escravidão contemporânea. Rio de Janeiro: Mauad X, 2013. p. 110-111.

em 28 de junho de 1930, pela Conferência Internacional do Trabalho, que é o órgão de deliberação máxima da OIT[(72)].

Sendo desse período, como dito, a Convenção segue a mesma linha da Convenção de 1926, admitindo, ainda que em caráter temporário, o trabalho forçado ou obrigatório, desde que para fins públicos e de forma excepcional, como se verifica a partir do art. 1º, que preceitua:

> Art. 1º
>
> 1. Todos os Membros da Organização Internacional do Trabalho que ratificam a presente convenção se obrigam a suprimir o emprego do trabalho forçado ou obrigatório sob todas as suas formas no mais curto prazo possível.
>
> 2. Com o fim de alcançar-se essa supressão total, o trabalho forçado ou obrigatório poderá ser empregado, durante o período transitório, unicamente para fins públicos e a título excepcional, nas condições e com as garantias estipuladas nos artigos que seguem.
>
> 3. À expiração de um prazo de cinco anos a partir da entrada em vigor da presente convenção e por ocasião do relatório previsto no art. 31 abaixo, o Conselho de Administração da Repartição Internacional do Trabalho examinará a possibilidade de suprimir sem nova delonga o trabalho forçado ou obrigatório sob todas as suas formas e decidirá da oportunidade de inscrever essa questão na ordem do dia da Conferência.

Gabrielle Timóteo, em relação à Convenção n. 29 da OIT, vê avanços em comparação com a Convenção de 1926, pois, embora tenha permitido "esse tipo de trabalho em algumas circunstâncias, [...] tentou impor-lhe limites buscando regular sua utilização"[(73)].

É possível, mas ainda é uma convenção conformista, de período em que os Estados, em sua maioria, até podiam já não admitir o trabalho forçado, mas eram condescendentes, por pelo menos algum tempo, com os que ainda admitiam.

De qualquer sorte, a Convenção n. 29 apresenta, no art. 2º, item 1, uma definição de trabalho forçado que pode ajudar na compreensão de um dos modos de execução do trabalho em condições análogas à de escravo, dispondo que "trabalho forçado ou obrigatório designará todo trabalho ou serviço exigido de um indivíduo sob ameaça de qualquer penalidade e para o qual ele não se ofereceu de espontânea vontade".

---

(72) Aprovada, no Brasil, pelo Congresso Nacional, por intermédio do Decreto Legislativo n. 24, de 29 de maio de 1956, e promulgada pelo Presidente da República por meio do Decreto n. 41.721, de 25.6.1957. Disponível na versão oficial em português em: http://www.planalto.gov.br/ccivil_03/decreto/Antigos/D41721.htm. Acesso em: 12 jun. 2014.

(73) TIMÓTEO, Gabrielle Louise Soares. Normativos internacionais e escravidão. *In:* FIGUEIRA, Ricardo Rezende e outros (orgs.). *Privação de liberdade ou atentado à dignidade*: escravidão contemporânea. Rio de Janeiro: Mauad X, 2013. p. 110-112-113.

Seguindo a linha dos instrumentos específicos, há a *Convenção Suplementar sobre a Abolição da Escravatura, do Tráfico de Escravos e das Instituições e Práticas Análogas à Escravatura, adotada em Genebra, a 7 de setembro de 1956*[74].

A Convenção Suplementar de 1956 continua a insistir na importância de eliminar a escravatura e abolir formas análogas à escravidão, mas, ao contrário dos instrumentos genéricos vistos mais acima, não repudia, pura e simplesmente, essas práticas, inadmitindo-as de forma peremptória.

Para isso, basta ver o art. 1º que até, como indica Gabrielle Timóteo, "aumentou o espectro de situações que podem ser classificadas como análogas à escravidão"[75]. Dispõe o art. 1º:

> Cada um dos Estados-Partes na presente Convenção adoptará todas as medidas, legislativas ou de qualquer outra índole, que sejam possíveis e necessárias para obter progressivamente, e com a maior brevidade possível, a abolição completa ou abandono das instituições e práticas que a seguir se indicam, onde quer que subsistam, quer lhes seja ou não aplicável a definição de escravatura contida no art. 1º da Convenção relativa à escravatura, assinada em Genebra a 25 de setembro de 1926:
>
> a) A servidão por dívidas, isto é, o estado ou condição que resulta do fato de um devedor se ter comprometido a prestar serviços pessoais, ou os de alguém sobre quem exerça autoridade, como garantia de uma dívida, se os serviços prestados e justamente avaliados não se destinarem ao pagamento da dívida, ou se não se delimitar a sua duração ou não se definir a natureza dos referidos serviços;
>
> b) A servidão da gleba, isto é, a condição da pessoa que é obrigada por lei, pelo costume ou por contrato a viver e trabalhar numa terra pertencente a outrem e a prestar-lhes, mediante remuneração ou gratuitamente, determinados serviços, sem liberdade para mudar de condição;
>
> c) Toda a instituição ou prática em virtude da qual:
>
> 1) Uma mulher, sem ter o direito de se opor, é prometida ou dada em casamento a troco de uma compensação em dinheiro ou em espécie entregue aos pais, ao tutor, à família ou a qualquer outra pessoa ou grupo de pessoas;
>
> 2) O marido, a família ou o clã do marido têm direito de ceder a mulher a um terceiro a título oneroso ou a qualquer outro título;

---

(74) Aprovada, no Brasil, pelo Congresso Nacional pelo Decreto Legislativo n. 66, de 1965, e promulgada pelo Decreto Presidencial n. 58.563, de 1º.6.1966. Disponível em: http://bo.io.gov.mo/bo/i/59/32/decretolei42172.asp#ptg. Acesso em: 12 jun. 2014.

(75) TIMÓTEO, Gabrielle Louise Soares. Normativos internacionais e escravidão. *In:* FIGUEIRA, Ricardo Rezende e outros (orgs.). *Privação de liberdade ou atentado à dignidade*: escravidão contemporânea. Rio de Janeiro: Mauad X, 2013. p. 110-115.

3) A mulher, por morte do marido, pode ser transmitida por herança a outra pessoa;

d) Toda a instituição ou prática em virtude da qual uma criança ou um adolescente menor de 18 anos é entregue pelos pais, por um deles ou pelo tutor a outra pessoa, mediante remuneração ou sem ela, com o fim de explorar, quer a pessoa, quer o trabalho da criança ou do adolescente.

O problema principal de todas essas convenções, então, é a progressividade aceita para a eliminação, tanto da escravidão, como das situações análogas à escravidão, e do trabalho forçado. É como se o direito das pessoas à sua liberdade e a condições dignas pudesse ser postergado; como se o essencial pudesse ser negado aos seres humanos, ou a alguns seres humanos, em nome de interesses geopolíticos ou o que seja.

Novamente, então, para a caracterização do trabalho em condições análogas à de escravo, como as demais convenções que venho denominando de específicas, serve a Convenção Suplementar mais pelas definições que propõe, e que podem ser utilizadas para a compreensão dos fenômenos que se observa quando se discute o trabalho em condições análogas à de escravo, e como apoio à legislação nacional, o que reforça a necessidade de fixar a discussão, como será feito nos dois capítulos seguintes, no art. 149 do Código Penal brasileiro.

Além disso, há de considerar que todas as normas internacionais por enquanto vistas, e até a próxima, não trabalham, de forma exata, com a concepção adotada no Brasil pelo mencionado art. 149, como será visto também nos capítulos seguintes.

Há, todavia, dentre as convenções específicas, uma que não aceita práticas que restrinjam a liberdade do ser humano, violando sua dignidade. É a Convenção n. 105, concernente à abolição do trabalho forçado[(76)].

É que referida Convenção, nos arts. 1º e 2º, prevê:

Art. 1º

Qualquer Membro da Organização Internacional do Trabalho que ratifique a presente convenção se compromete a suprimir o trabalho forçado ou obrigatório, e a não recorrer ao mesmo sob forma alguma;

a) como medida de coerção, ou de educação política ou como sanção dirigida a pessoas que tenham ou exprimam certas opiniões políticas, ou manifestem sua oposição ideológica, à ordem política, social ou econômica estabelecida;

b) como método de mobilização e de utilização da mão de obra para fins de desenvolvimento econômico;

c) como medida de disciplina de trabalho;

d) como punição por participação em greves;

e) como medida de discriminação racial, social, nacional ou religiosa.

---

(76) Aprovada, no Brasil, pelo Congresso Nacional por meio Decreto Legislativo n. 20, de 1965, e promulgada pelo Presidente da República por meio do Decreto n. 58.822, de 14 de julho de 1966. Disponível na versão oficial em português em: http://www.planalto.gov.br/ccivil_03/decreto/1950-1969/D58822.htm. Acesso em: 13 jun. 2014.

Art. 2º

Qualquer Membro da Organização Internacional do Trabalho que ratifique a presente convenção se compromete a adotar medidas eficazes, no sentido da abolição imediata e completa do trabalho forçado ou obrigatório, tal como descrito no art. 1º da presente convenção.

Não há, então, qualquer condicionante ou implementação progressiva que signifique, ainda, alguma tolerância com a prática do trabalho forçado, e é por isso que, quando se discute o modo de execução de trabalho forçado na caracterização do trabalho em condições análogas à de escravo, não obstante se possa iniciar com a Convenção n. 29 da OIT para encontrar uma definição de trabalho forçado, é tendo em mente a impossibilidade de sua ocorrência, como disciplinado na Convenção n. 105, também da OIT, que se deve pensar.

Encerrando este item, e o capítulo, a Organização Internacional do Trabalho, pela Conferência Internacional do Trabalho, aprovou, em 11 de junho de 2014, com 437 votos a favor, 8 contra e 27 abstenções, o Protocolo à Convenção n. 29, relativo, portanto, à Convenção sobre o trabalho forçado ou obrigatório de 1930, já discutida neste item, com o objetivo de atualizá-la, retirando as disposições transitórias a respeito do trabalho forçado, e estimulando a criação, pelos Estados, de medidas que permitam o avanço contra essa prática ilícita e criem condições para as suas vítimas, quer para não terem de se submeter ao trabalho forçado, quer após isso ter ocorrido[77].

Foi aprovada, ainda pela OIT, a Recomendação n. 203, recomendação sobre o trabalho forçado (medidas complementares), também em 11 de junho de 2014, na 103ª Reunião da Conferência Internacional do Trabalho (CIT), da Organização. A recomendação detalha de forma mais pormenorizada as ações que, na visão dos membros da CIT da OIT, devem ser adotadas para a eliminação do trabalho forçado e para a criação das condições para que esse ilícito não vitime novos trabalhadores, bem como para que os que sofreram o ilícito possam reintegrar-se ao trabalho e à vida em comunidade[78].

A propósito desses dois últimos instrumentos é cabível observar que a postura da OIT a respeito do trabalho escravo mudou, podendo ser dito que a Organização, especialmente depois do reconhecimento de que é preciso respeitar o trabalho decente, passou a adotar visão que a aproxima da noção brasileira, que vai além do trabalho forçado, para focar na preservação da dignidade dos trabalhadores[79].

---

(77) Disponível em: http://www.ilo.org/wcmsp5/groups/public/---ed_norm/---relconf/documents/meetingdocument/wcms_249722.pdf, e em http://www.oit.org.br/content/oit-adota-novo-protocolo-para-combater-formas-modernas-de-trabalho-forcado. Acesso em: 29 set. 2016.

(78) Disponível em: http://www.ilo.org/dyn/normlex/es/f?p=NORMLEXPUB:12100:0::NO:12100:P12100_ILO_CODE:R203. Acesso em: 29 set. 2016.

(79) Ver, a respeito, texto por mim escrito com Anna Marcella Mendes Garcia, denominado "O combate ao trabalho no Brasil à luz da regulamentação da Organização Internacional do Trabalho" (In GOMES, Ana Virginia Moreira e outros (Org.). *O centenário da Organização Internacional do Trabalho no Brasil*. Belo Horizonte: Virtualis, 2019. p. 3)

Caracterização do Trabalho Escravo no Brasil

Capítulo III

Mesmo depois de 20 anos da alteração do art. 149 do Código Penal brasileiro, pela nova redação decorrente do disposto na Lei n. 10.803, de 11.12.2003, persiste a discussão, nos âmbitos doutrinário e jurisprudencial, a respeito da caracterização do crime de reduzir alguém à condição análoga à de escravo, mais conhecido como trabalho escravo, assim como seus modos de execução.

É o que se pode observar, por exemplo, em decisão do Plenário do Supremo Tribunal Federal no Inquérito n. 3.412/AL, em que foi Relatora Designada a Ministra Rosa Weber, e que será discutida no subitem III.2.2.

Nesse acórdão, que se prestou ao recebimento de denúncia oferecida pelo Procurador-Geral da República contra réus a quem se imputou a prática do crime de reduzir trabalhadores à condição análoga à de escravos, a decisão foi tomada por maioria de votos, havendo severa divergência, dentre outras, entre os Ministros que compõem o Tribunal, a respeito do bem jurídico tutelado pelo art. 149 do Código Penal brasileiro, ficando claro que os autores dos votos divergentes entendiam, principalmente, que somente quando houver a perda da liberdade de ir e vir dos trabalhadores pode-se entendê-los sujeitos à condição semelhante à de escravo.

No acórdão mencionado, fica patente que o que motiva as divergências é menos o que normalmente se entende como causador de dúvidas, qual seja, o modo — ou melhor, modos — como o crime é praticado, e sim mais o bem que se intenciona proteger, e que é denominado de bem jurídico penal.

Assim, a primeira questão que se deve considerar para a correta caracterização do crime de reduzir alguém à condição análoga à de escravo diz respeito à definição de quais são os bens que o tipo descrito no art. 149 intenciona proteger.

Assim, uma das propostas deste Capítulo III é discutir quais os bens jurídicos tutelados pelo dispositivo indicado, demonstrando que sua compreensão indica o acerto na enumeração dos modos de execução previstos no *caput* e no § 1º do citado artigo.

Antes, porém, serão apresentadas algumas questões que são tão importantes quanto para a compreensão do trabalho em condições análogas à de escravo. Primeiro, tento fazer a caracterização genérica do dispositivo, na perspectiva do Direito Penal. Depois, ainda sem ter feito a análise dos bens jurídicos tutelados pelo art. 149 do Código Penal, que é uma das premissas para a caracterização do tipo penal, vou apresentar as demais, como será visto em III.2.1.

Para que esses itens do capítulo sejam compreendidos é preciso registrar a profunda alteração, do ponto de vista da redação, que o indicado artigo sofreu em 2003.

Antes da modificação, a disposição era sintética: "Art. 149. Reduzir alguém à condição análoga à de escravo."

Como se observa, era um tipo penal descrito de forma sintética, e por isso mais dependente de interpretação, mas que, para a posição até então majoritária, estava claramente inspirado no princípio da liberdade, além de ser amplo, no tocante à relação em que seria possível a prática do crime.

A partir da mencionada Lei n. 10.803, de 11.12.2003, a redação passou a ser a seguinte:

> Art. 149. Reduzir alguém à condição análoga à de escravo, quer submetendo-o a trabalhos forçados ou a jornada exaustiva, quer sujeitando-o a condições degradantes de trabalho, quer restringindo, por qualquer meio, sua locomoção em razão de dívida contraída com o empregador ou preposto:
>
> Pena — reclusão, de dois a oito anos, e multa, além da pena correspondente à violência.
>
> § 1º Nas mesmas penas incorre quem:
>
> I — cerceia o uso de qualquer meio de transporte por parte do trabalhador, com o fim de retê-lo no local de trabalho;
>
> II — mantém vigilância ostensiva no local de trabalho ou se apodera de documentos ou objetos pessoais do trabalhador, com o fim de retê-lo no local de trabalho.
>
> § 2º A pena é aumentada de metade, se o crime é cometido:
>
> I — contra criança ou adolescente;
>
> II — por motivo de preconceito de raça, cor, etnia, religião ou origem.

Vê-se, então, uma redação analítica, bem descritiva, e que, se por um lado permite ver melhor todas as faces desse ilícito que é o trabalho escravo, impõe uma análise mais completa, e que explique todas as formas em que pode ser identificado.

Essa redação analítica, a propósito, reflete bem a riqueza da proteção ao trabalho humano que contempla o ordenamento jurídico brasileiro, e que vem desde a Constituição da República.

É que, não obstante inexista no texto constitucional disposição que vede de forma expressa o trabalho escravo, isto é absolutamente dispensável, uma vez que a Constituição da República, desde o preâmbulo, mas não só nele, exalta a liberdade, que é um dos princípios básicos do ordenamento brasileiro.

Restringir a liberdade, em todas as suas formas, e não somente a liberdade de ir e vir, como será visto no item III.2.2, então, é atentar contra a Constituição da República, que traz, por exemplo, no art. 1º, IV, o valor social do trabalho como fundamento da República, no art. 3º, I, o objetivo fundamental de construção de uma sociedade livre, assim como registra, mais à frente, a liberdade do exercício de qualquer trabalho (art. 5º, XIII), o que é de todo incompatível com a situação de ter alguém em condições assemelhadas às de um escravo.

Mas há, como será visto mais adiante, um bem maior a proteger, que é a dignidade da pessoa humana, considerada o principal fundamento da República, e prevista no art. 1º, inciso III. A dignidade da pessoa humana é patente, sustenta a existência de todos os direitos fundamentais previstos no texto constitucional, e revela que o ordenamento jurídico está construído para a proteção dos direitos básicos, essenciais, dos seres humanos, entre eles os previstos para a proteção daqueles que vivem de sua força de trabalho.

E são significativos esses direitos, previstos a partir do art. 7º da Constituição da República, e que vão além dos direitos previstos para o trabalho decente em nível internacional.

Toda essa proteção justifica uma norma penal incriminadora[80] que, como visto, e como será explicado daqui em diante, neste e no próximo capítulo, protege os trabalhadores de ações praticadas pelos tomadores de serviços e seus prepostos que impliquem reduzi-los ou tentar reduzi-los à condição análoga à de escravo.

---

(80) Normas penais incriminadoras, segundo Rogério Greco, são aquelas às quais "é reservada a função de definir as infrações penais, proibindo ou impondo condutas, sob ameaça de pena". Por esse motivo, ainda segundo o autor, são consideradas "normas penais em sentido estrito, proibitivas ou mandamentais" (*Curso de direito penal*: parte geral. 14. ed. Niterói: Ímpetus, 2012. p. 19).

III.1. Caracterização geral: perspectiva penal

Feito esse panorama inicial, começo a caracterização do trabalho escravo apresentando algumas questões específicas do Direito Penal, indispensáveis, penso, para a boa compreensão desse ilícito.

A primeira questão a observar diz respeito ao fato de que o tipo penal previsto no art. 149 do Código Penal brasileiro está inserto no Capítulo VI, que trata dos crimes contra a liberdade individual, na Seção I, que dispõe sobre os crimes contra a liberdade pessoal(81).

Isso deve produzir uma primeira conclusão, que será retomada mais adiante, em III.2.2, qual seja, a de que a liberdade do indivíduo é bem que deve ser considerado como tutelado pelo dispositivo.

Nesse sentido, tenho defendido que essa circunstância, a restrição à liberdade, quando verificada, deve constar dos relatórios dos auditores-fiscais e de todas as manifestações de membros do Ministério Público, Federal ou do Trabalho, pois ela é essencial para a caracterização do trabalho em condições análogas à de escravo. Note-se, por oportuno, que não é somente da liberdade de locomoção que estou falando, mas principalmente do que denomino de sujeição extremada, como será observado mais à frente, e é isso que deverá ser observado.

A segunda questão a observar diz respeito ao entendimento do STF de que o crime tipificado no art. 149 do Código Penal brasileiro deve ser entendido como uma das hipóteses de crime contra a administração do trabalho, uma vez que estes crimes (contra a organização do trabalho) não estariam previstos, de forma taxativa, no Título IV(82).

Essa foi a posição defendida, por exemplo, no acórdão proferido no RE 398.041-6, em que foi relator o Ministro Joaquim Barbosa, julgado em 30.11.2006, constando da ementa o seguinte:

---

(81) Os outros crimes da Seção I são: constrangimento ilegal (art. 146), ameaça (art. 147), e sequestro e cárcere privado (art. 148) e tráfico de pessoas (art. 149-A). Este último, por ser relativamente novo, tendo sido incluído no Código Penal pela Lei n. 13.344, de 2016, cabe registrar, cria o tipo penal de "Agenciar, aliciar, recrutar, transportar, transferir, comprar, alojar ou acolher pessoa, mediante grave ameaça, violência, coação, fraude ou abuso, com a finalidade de", entre outras hipóteses, submeter a pessoa à condição análoga à de escravo, como consta do inciso II.

(82) Os crimes contra a organização do trabalho, previstos no Título IV, vão do atentado contra a liberdade de trabalho (art. 197), ao aliciamento de trabalhadores de um local para outro do território nacional (art. 207). Embora este último ilícito penal possa, em determinados momentos, ser confundido com o tráfico de pessoas, previsto no art. 149-A, e já mencionado, registro o entendimento de que são crimes distintos, até porque no caso do tráfico de pessoas a finalidade do aliciamento dos trabalhadores é específica, submeter à condição análoga à de escravo, e no aliciamento (art. 207) ela é genérica.

DIREITO PENAL E PROCESSUAL PENAL. ART. 149 DO CÓDIGO PENAL. REDUÇÃO À CONDIÇÃO ANÁLOGA À DE ESCRAVO. TRABALHO ESCRAVO. DIGNIDADE DA PESSOA HUMANA. DIREITOS FUNDAMENTAIS. CRIME CONTRA A COLETIVIDADE DOS TRABALHADORES. ART. 109, VI DA CONSTITUIÇÃO FEDERAL. COMPETÊNCIA. JUSTIÇA FEDERAL. RECURSO EXTRAORDINÁRIO PROVIDO. A Constituição de 1988 traz um robusto conjunto normativo que visa à proteção e efetivação dos direitos fundamentais do ser humano. A existência de trabalhadores a laborar sob escolta, alguns acorrentados, em situação de total violação da liberdade e da autodeterminação de cada um, configura crime contra a organização do trabalho. Quaisquer condutas que possam ser tidas como violadoras não somente do sistema de órgãos e instituições com atribuições para proteger os direitos e deveres dos trabalhadores, mas também dos próprios trabalhadores, atingindo-os em esferas que lhes são mais caras, em que a Constituição lhes confere proteção máxima, são enquadráveis na categoria dos crimes contra a organização do trabalho, se praticadas no contexto das relações de trabalho. Nesses casos, a prática do crime prevista no art. 149 do Código Penal (Redução à condição análoga à de escravo) se caracteriza como crime contra a organização do trabalho, de modo a atrair a competência da Justiça Federal (art. 109, VI, da Constituição) para processá-lo e julgá-lo. Recurso extraordinário conhecido e provido.[83]

Foi também mais adiante reafirmada em decisão monocrática do Ministro Celso de Mello, na Ação Penal 635-Goiás, que invalidou a partir da denúncia, inclusive, a persecução penal instaurada por pedido do Promotor de Justiça de Porangatu, Goiás, recebida pelo Juiz de direito da Comarca, exatamente pela falta de competência de juiz estadual para apreciar e julgar ação que discute a prática do crime de reduzir trabalhadores à condição análoga à de escravo[84].

Em relação à classificação doutrinária, Rogério Greco considera o crime como próprio, tanto em relação ao sujeito ativo (tomador de serviços ou preposto) como ao passivo (trabalhador), pois é preciso haver uma relação de trabalho entre agente e vítima[85].

Bitencourt diverge, entendendo o crime como comum, pois "pode ser praticado por qualquer pessoa, independentemente de qualquer condição especial"[86]. Assim entende,

---

(83) Disponível em: www.stf.jus.br. Acesso em: 6 mar. 2014. Ver a respeito dessa questão, ainda, o livro de Débora Maria Ribeiro Neves (*Trabalho escravo e aliciamento*. São Paulo: LTr, 2012. p. 122-123), e texto de Luís Antônio Camargo de Melo (Trabalho escravo contemporâneo: crime e conceito. *In:* FIGUEIRA, Ricardo Rezende e outros (orgs.). *Privação de liberdade ou atentado à dignidade*: escravidão contemporânea. Rio de Janeiro: Mauad X, 2013. p. 65-72).

(84) Decisão proferida em 13 de outubro de 2016. Disponível em: http://www.stf.jus.br/arquivo/cms/noticiaNoticiaStf/anexo/AP635.pdf. Acesso em: 18 out. 2016.

(85) *Curso de direito penal*: parte especial. 5. ed. Niterói: Ímpetus, 2008. V. 2. p. 545.

(86) *Tratado de direito penal, 2*: parte especial: dos crimes contra a pessoa. 9. ed. São Paulo: Saraiva, 2009. p. 402.

também, Capez, para quem "[q]ualquer pessoa pode praticar o crime em tela"(87), além de Luiz Regis Prado, que registra que o sujeito ativo pode ser qualquer pessoa, sendo o delito comum(88). Voltando a Bitencourt, é importante observar que este autor, não obstante considere o crime como comum, e não próprio, entende que sua forma não é mais livre, e sim vinculada, "pela limitação do sujeito passivo" e, avançando, pelas formas como pode ser praticado(89).

Quem também entende que o crime é de forma vinculada é Rogério Greco, "pois que o art. 149 do Código Penal aponta os meios mediante os quais se reduz alguém à condição análoga à de escravo"(90).

Greco, ainda dentro da classificação, afirma que o crime é doloso(91), assim também indicando Luiz Regis Prado(92), e, ainda, Cezar Roberto Bitencourt, que registra que o dolo "pode ser direto ou eventual, consistindo na vontade livre e consciente de subjugar determinada pessoa, suprimindo-lhe, faticamente, a liberdade, embora esta remanesça, de direito"(93).

Seguindo com a classificação, Rogério Greco ensina que é um crime permanente(94), neste caso porque a consumação se prolonga no tempo, enquanto presentes "as situações narradas pelo tipo penal"(95). De se tratar de crime permanente também entendia Nelson Hungria, quando ainda vigente a versão sintética do art. 149 do Código Penal, vista no início do capítulo(96).

---

(87) CAPEZ, Fernando. *Curso de direito penal, 2*: parte especial. 9. ed. São Paulo: Saraiva, 2009. p. 347.

(88) *Direito penal*: parte especial — arts. 121 a 196. 2. ed. São Paulo: Revista dos Tribunais, 2008. p. 63.

(89) *Tratado de direito penal, 2*: parte especial: dos crimes contra a pessoa. 9. ed. São Paulo: Saraiva, 2009. p. 405-406.

(90) *Curso de direito penal*: parte especial. 5. ed. Niterói: Ímpetus, 2008. v. 2, p. 545.

(91) *Idem*. Segundo o mesmo autor, dolo "é a vontade e consciência dirigidas a realizar a conduta prevista no tipo penal incriminador" (*Curso de direito penal*: parte geral. 14. ed. Niterói: Ímpetus, 2012. p. 183). Já o Código Penal, no art. 18, preceitua: Art. 18. Diz-se o crime: I — doloso, quando o agente quis o resultado ou assumiu o risco de produzi-lo; II — culposo, quando o agente deu causa ao resultado por imprudência, negligência ou imperícia. Importante observar que, conforme o mesmo artigo, no parágrafo único, só se pode imputar culpa se houver indicação expressa dessa possibilidade no dispositivo que prevê o crime (Parágrafo único. Salvo os casos expressos em lei, ninguém pode ser punido por fato previsto como crime, senão quando o pratica dolosamente). Vale lembrar que o dolo é considerado elemento subjetivo do tipo, dizendo, como ainda afirma Greco, "respeito à vontade do agente" (*Ibidem*, p. 171).

(92) *Direito penal*: parte especial — arts. 121 a 196. 2. ed. São Paulo: Revista dos Tribunais, 2008. p. 64.

(93) *Tratado de direito penal, 2*: parte especial: dos crimes contra a pessoa. 9. ed. São Paulo: Saraiva, 2009. p. 401.

(94) Para Luiz Flávio Gomes e Antonio García-Pablos de Molina, no crime permanente "há uma continuidade temporal da conduta ofensiva assim como da afetação do bem jurídico" (*Direito penal*: parte geral. 2. ed. São Paulo: Revista dos Tribunais, 2009. v. 2, p. 393).

(95) *Curso de direito penal*: parte especial. 5. ed. Niterói: Ímpetus, 2008. v. 2, p. 545.

(96) *Comentários ao Código Penal (Decreto-Lei n. 2.848, de 7 de dezembro de 1940)*. 4. ed. Rio de Janeiro: Forense, 1958. p. 201. v. VI, arts. 137 a 154

Por fim, ainda quanto à classificação, Greco registra que o delito é monossubjetivo[(97)], o que, conforme Gomes e Molina, é o que pode "ser cometido por uma só pessoa"[(98)]. É o caso do art. 149 do Código Penal, embora não seja, na prática, comum que a responsabilidade pelo ato seja de somente uma única pessoa. Usando o exemplo conhecido dos trabalhadores que são submetidos à condição análoga à de escravo nas fazendas, para a prática de atos como a limpeza de pastos, é possível ver que, via de regra, há diversas pessoas que ocupam a condição de sujeitos ativos do ilícito. Há normalmente o gato, que além de arregimentar os trabalhadores, controla o trabalho; há o capataz ou gerente da fazenda, que contrata o gato para que este arregimente trabalhadores para que o serviço seja prestado, e há o proprietário, real tomador dos serviços, que torna possível toda essa relação, e se beneficia dos serviços prestados de forma análoga à escravidão, pelos trabalhadores. Nesse caso há concurso de pessoas, e cada uma delas deve responder pelo crime, na medida de sua culpabilidade, que determinará a incidência da pena, como preceitua o art. 29, *caput*, do Código Penal: "Quem, de qualquer modo, concorre para o crime incide nas penas a este cominadas, na medida de sua culpabilidade".

E há o concurso de pessoas porque, na hipótese acima descrita verifica-se o que Rogério Greco chama de requisitos para o concurso de pessoas, que indica como sendo: "a) pluralidade de agentes e de condutas; b) relevância causal de cada conduta; c) liame subjetivo entre os agentes; d) identidade da infração penal"[(99)]. É que, considerando as explicações dadas por esse autor para os requisitos, e fazendo a relação com o exemplo logo acima exposto, pode-se dizer que: a) há mais de um agente, no caso o gato, o gerente e o proprietário; b) todos, com suas respectivas condutas, concorrem para a prática do crime; c) há um vínculo entre os agentes, que não agem isoladamente, mas, cada um deles, com atos específicos, em favor da redução dos trabalhadores à condição análoga à de escravos; e, d) o que se pratica é a mesma infração penal.

Quanto à consumação[(100)], Rogério Greco entende que isto ocorre quando presentes as formas previstas pelo tipo, sendo possível a tentativa, por se tratar de delito plurissubsistente[(101)].

(97) *Curso de direito penal*: parte especial. 5. ed. Niterói: Ímpetus, 2008. v. 2, p. 545.

(98) GOMES, Luiz Flávio; MOLINA, Antonio García-Pablos de. *Direito penal*: parte geral. 2. ed. São Paulo: Revista dos Tribunais, 2009. v. 2, p. 363.

(99) Esses requisitos e suas respectivas explicações estão em: *Curso de direito penal*: parte geral. 14. ed. Niterói: Ímpetus, 2012. p. 416-417.

(100) Conforme o art. 14, I e II, do Código Penal brasileiro, diz-se o crime consumado, "quando nele se reúnem todos os elementos de sua definição legal", e tentado, "quando, iniciada a execução, não se consuma por circunstâncias alheias à vontade do agente". A respeito da tentativa, Rogério Greco, depois de apresentar o exemplo em que, no crime de homicídio, alguém tenta, mas, não consegue alcançar o resultado morte, afirma: "Para evitar que tais situações restassem impunes e também para não fugir à técnica legislativa de narrar, no tipo penal, como regra geral, a consumação da infração penal, foram criadas as chamadas normas de extensao, como a prevista no inciso II do art. 14 do Código Penal, fazendo com que se amplie a figura típica, de modo a abranger situações não previstas expressamente pelo tipo penal" (*Curso de direito penal*: parte geral. 14. ed. Niterói: Ímpetus, 2012. p. 251).

Cezar Roberto Bitencourt entende no mesmo sentido, até em relação à tentativa, indicando, todavia, que a consumação ocorre quando houver o trabalho em condições análogas à de escravo por "tempo juridicamente relevante, isto é, quando a vítima torna-se totalmente submissa ao poder de outrem". Nesse sentido, afirma que, se o Estado for "rápido, instantâneo, ou momentâneo", o crime não se configura(102). Aqui vislumbro um problema nas lições de Bitencourt. Imagine-se que o empreendimento é fiscalizado logo após os trabalhadores serem submetidos, por qualquer modo, a condições análogas à de escravo, por exemplo, assim que chegam a uma fazenda em que vão prestar o trabalho, sendo imediatamente obrigados a comprar utensílios para o trabalho e a *fazer o rancho*. Nesse caso, estaria ou não consumado o crime? Penso que estaria sim, independentemente do tempo em que a situação estaria ocorrendo, só havendo tentativa se não consolidadas, como afirma Greco um pouco acima, as formas previstas pelo tipo.

De qualquer sorte, Pierangeli, a respeito da consumação, parece concordar com Bitencourt, ensinando que é necessário certo tempo de sujeição para que ocorra. Admite este autor, também, a tentativa, por se tratar de crime material(103), citando duas hipóteses, que entendo exemplificativas, em que isso pode ocorrer: quando o trabalhador está sendo levado para local em que seria submetida a condição análoga à de escravo, e a ação é impedida, ou "quando a vítima, mesmo com sua liberdade de locomoção restringida, não se submete às exigências do sujeito ativo"(104).

Encerrando, afirma Fernando Capez a respeito da tentativa, no caso do art. 149, que esta é admissível "se o agente não consegue o resultado de submissão à sua vontade, apesar da prática de atos de execução (violência, ameaça etc.)". Já sobre o que denomina de figuras equiparadas, que são os modos previstos no § 1º do dispositivo em discussão, entende que "a tentativa será possível quando o agente tentar, mas não conseguir, cercear a locomoção ou se apoderar de documentos ou objetos capazes de impedir a saída, ou quando não conseguir manter a vigilância no local"(105).

---

(101) *Curso de direito penal*: parte especial. 5. ed. Niterói: Ímpetus, 2008. v. 2, p. 546. Observe-se que, conforme Luiz Flávio Gomes, o crime plurissubsistente "é o constituído de vários atos, que fazem parte de uma única conduta. Exemplo: [...] roubo (violência ou constrangimento ilegal + subtração)" (GOMES, Luiz Flávio; MOLINA, Antonio García-Pablos de. *Direito penal*: parte geral. 2. ed. São Paulo: Revista dos Tribunais, 2009. v. 2, p. 393).

(102) *Tratado de direito penal, 2*: parte especial: dos crimes contra a pessoa. 9. ed. São Paulo: Saraiva, 2009. p. 401-402.

(103) Aproveitando as lições de Rogério Greco, pode-se dizer que crime material é aquele que tem como característica uma modificação no mundo exterior, em que há o resultado conhecido como naturalístico, ocorrendo a consumação, nos crimes materiais, quando se verifica a produção desse resultado naturalístico (*Curso de direito penal*: parte geral. 14. ed. Niterói: Ímpetus, 2012. p. 215 e 247).

(104) PIERANGELI, José Henrique. *Manual de direito penal brasileiro*. 2. ed. São Paulo: Revista dos Tribunais, 2007. v 2: parte especial, p. 160.

(105) *Curso de direito penal, 2*: parte especial. 9. ed. São Paulo: Saraiva, 2009. p. 349.

A esse respeito, ou seja, dos modos de execução por equiparação, cumpre não confundir não conseguir praticar, de forma que o crime seja consumado, os atos que configuram os modos do § 1º do art. 149, de, mesmo praticando esses atos, não se lograr manter o trabalhador retido no local de trabalho, quando ele foge, por exemplo, ou, quando, imediatamente após haver a retenção dos documentos, chega a fiscalização e impede a continuidade da retenção. Na segunda hipótese que estou aventando e oferecendo dois exemplos, entendo que houve consumação, e não tentativa.

III.2. Premissas

Feitas as considerações gerais a respeito do dispositivo, em perspectiva eminentemente penal, é necessário, agora, ver quais são as premissas que permitem a caracterização do art. 149 do Código Penal, conduzindo à sua compreensão.

Como visto no início do capítulo, o art. 149 do Código Penal sofreu significativa modificação do ponto de vista redacional, e que, ao mesmo tempo, alterou a concepção que se tinha a respeito do ilícito, não obstante a manutenção de algumas interpretações no sentido de que continua sendo nota característica do crime a restrição à liberdade de locomoção da vítima.

Para compreender essa nova concepção, é necessário ter em mente algumas questões que chamo de premissas para a caraterização do trabalho escravo, e que, juntas, formam uma ideia mais completa do que é, nos moldes atuais, o trabalho em condições análogas à de escravo.

Essas premissas são, penso, quatro, e serão vistas a seguir. De início, três delas, vistas em conjunto: o fato de que os modos de execução são agora limitados; a obrigatória existência de uma relação de trabalho entre autor e vítima; e, a necessidade de fixar um elemento histórico de comparação que permita a correta visualização do ilícito. Depois, a última, a correta identificação dos bens jurídicos tutelados pelo art. 149, que será discutida em separado.

III.2.1. Modos limitados de execução, existência de relação de trabalho e paradigma histórico

A primeira premissa tem relação com o fato de que o tipo do art. 149 do Código Penal agora é definido de forma analítica, em que os modos de execução são expressamente indicados, e na forma de um tipo fechado.

Por esse motivo, os modos de execução são limitados — o ilícito penal só é praticado se um dos modos pelos quais ele pode ocorrer for caracterizado —, estando divididos em duas espécies.

De um lado, os modos que caracterizam o trabalho escravo típico, previstos no art. 149, *caput*, do Código Penal brasileiro, e que são: (1) trabalho forçado; ou em (2) jornada exaustiva; (3) trabalho em condições degradantes; e (4) trabalho com restrição de locomoção, em razão de dívida contraída.

De outro, o que se pode denominar de trabalho escravo por equiparação, com modos previstos no § 1º, do mesmo dispositivo legal: retenção no local de trabalho, (1) por cerceamento do uso de qualquer meio de transporte; (2) por manutenção de vigilância ostensiva; ou (3) por retenção de documentos ou objetos de uso pessoal do trabalhador.

É que, o abandono da descrição sintética contida no art. 149, que caracterizava a versão anterior à Lei n. 10.803/2003, trouxe consigo, ao lado da possibilidade de caracterização mais precisa[(106)], o fato de que os modos são definidos de forma exaustiva, ou seja, o que não puder ser definido dentro dos quatro modos de execução do trabalho escravo típico, ou dos três modos de execução do trabalho escravo por equiparação, não pode ser tipificado como trabalho escravo.

Há quem, até hoje, prefira uma divisão mais simples, como Luís Antônio Camargo de Melo, que divide os modos em dois, somente: (1) trabalho forçado, que inclui ainda a restrição de locomoção por dívida contraída e as hipóteses do § 1º do art. 149; (2) trabalho em condições degradantes, acrescentando a ele "o que a lei define como jornada exaustiva"[(107)].

Eu mesmo fiz isto em 2004, simplificando uma discussão que é mais complexa, até como forma de chamar a atenção para o que era uma completa modificação do panorama que até então existia, pela alteração do art. 149 do Código Penal em 2003, e que consistia em reconhecer a dignidade da pessoa humana como o principal bem jurídico tutelado[(108)].

No momento atual, todavia, essa simplificação, penso, não é a mais adequada, pois o que quero demonstrar neste livro, de forma inequívoca, é que não só se justifica ampliar a discussão a respeito dos bens jurídicos protegidos, mas também que há diversos modos de praticar o ato ilícito, e que são modos autônomos entre si, como será visto no Capítulo IV.

---

(106) Eliminando, em parte, as dúvidas antes existentes, como bem caracterizado por Neide Esterci, quando afirmou: "[n]ão existe consenso acerca de que situações, entre as atualmente denunciadas, devem ser pensadas como escravidão" (A dívida que escraviza. *In: Trabalho escravo no Brasil contemporâneo*. São Paulo: Loyola; Goiânia: Comissão Pastoral da Terra, 1999. p. 119), o que era motivado por um tipo aberto e que acabou transformado em um tipo impreciso.

(107) Trabalho escravo contemporâneo: crime e conceito. *In:* FIGUEIRA, Ricardo Rezende e outros (orgs.). *Privação de liberdade ou atentado à dignidade*: escravidão contemporânea. Rio de Janeiro: Mauad X, 2013. p. 55-63, estando a citação direta na p. 62.

(108) *Trabalho decente*. São Paulo: LTr, 2004. p. 69-86.

Capez, por oportuno, intitula de figuras equiparadas o que denomino de trabalho escravo por equiparação[109]. Já Cezar Roberto Bitencourt prefere a denominação "figuras assimiladas de redução à condução análoga à de escravo"[110].

Essa limitação, como visto um pouco antes, é uma das razões que leva Bitencourt a entender que sua forma é vinculada, o que, segundo este autor, produz "uma *abolitio criminis* em relação a todo e qualquer outro modo ou forma de conduta que não seja abrangido pela relação *numerus clausus* da nova definição legal"[111].

Não é qualquer ato, então, que poderá configurar o crime de redução à condição análoga à de escravo, mas somente os que possam ser enquadrados nos modos descritos na norma penal incriminadora. Isso, entretanto, não é um problema, pois, para o fim de proteger os trabalhadores de atos do tomador e de seus prepostos que o assemelhem a um escravo, acredito, os modos previstos no art. 149 do Código Penal são suficientes.

Por isso que creio que essa limitação, que de fato existe agora, é o preço a pagar por uma inovação, que veio com a lei que alterou o art. 149 do Código Penal, e que foi importante, pois definiu de forma concreta os modos de execução, ou hipóteses em que ocorre o trabalho escravo, permitindo o combate efetivo a uma prática antiga, mas que, por conta da imprecisão do dispositivo na versão anterior, não era convenientemente reprimida.

Uma segunda premissa, também importante, diz respeito à relação jurídica em que pode ocorrer a prática do ilícito penal, e essa relação jurídica é a relação de trabalho. Isso fica claro a partir da menção, no art. 149 do Código Penal, a empregador, a trabalhador, a preposto e a local de trabalho.

Essa conclusão, a propósito, pode ser entendida como unânime entre os principais doutrinadores, como se observa com Greco[112] e Bitencourt[113], mas também com Pierangeli que, após afirmar que pode ser sujeito passivo qualquer pessoa, corrige-se para dizer que, depois da alteração do art. 149 pela Lei n. 10.803/2003, "o sujeito passivo é, mais especificamente, o trabalhador"[114].

Para que se possa invocar o art. 149 do Código Penal, então, como tipo que enseja a repressão de conduta considerada lesiva, será necessário, dessa feita, identificar uma relação que envolva a prestação de serviços por um trabalhador a um tomador desses

(109) *Curso de direito penal, 2*: parte especial. 9. ed. São Paulo: Saraiva, 2009. p. 347.

(110) BITENCOURT, Cezar Roberto. *Tratado de direito penal, 2*: parte especial: dos crimes contra a pessoa. 9. ed. São Paulo: Saraiva, 2009. p. 407.

(111) *Ibidem*, p. 406.

(112) GRECO, Rogério. *Curso de direito penal*: parte especial. 5. ed. Niterói: Ímpetus, 2008. v. 2, p. 545-546.

(113) BITENCOURT, Cezar Roberto. *Tratado de direito penal, 2*: parte especial: dos crimes contra a pessoa. 9. ed. São Paulo: Saraiva, 2009. p. 405.

(114) PIERANGELI, José Henrique. *Manual de direito penal brasileiro*. 2. ed. São Paulo: Revista dos Tribunais, 2007. v. 2: parte especial, p. 157.

serviços, mesmo que essa prestação tenha sido intermediada por preposto ou quem quer que seja.

E isso, ainda que se vá concluir que a relação está inquinada de ilicitude, em razão da prática de um delito pelo tomador e, às vezes, por seus prepostos, exigindo seu rompimento.

Outras hipóteses de exploração extrema do ser humano, então, como a exploração sexual, não obstante sejam reprováveis, não devem ser caracterizadas como ilícito penal a partir do art. 149 do Código Penal, mas sim a partir dos tipos previstos especificamente para a repressão dessas práticas, a não ser que se desenvolvam sob a égide de uma relação de trabalho, ainda que, como venho dizendo, sob o manto da ilicitude.

Note-se a propósito que essa segunda premissa foi claramente respaldada pelo que decidiu o Supremo Tribunal Federal, quando fixou a competência da Justiça Federal para julgar questões envolvendo o trabalho escravo na esfera penal, conforme visto no item III.1, ficando óbvio que, como assim foi decidido porque se trata de um crime contra a organização do trabalho, é obrigatório que entre os sujeitos envolvidos exista uma relação de trabalho.

Ainda se pode encontrar, aqui e acolá, decisões dissonantes. Uma delas é que ocorreu no processo RHC n. 58.160 SP, da 5ª turma do Superior Tribunal de Justiça, em que foi Relator o Desembargador convocado Leopoldo de Arruda Raposo. Na parte relativa à discussão, a ementa é a seguinte:

> RECURSO ORDINÁRIO EM *HABEAS CORPUS*. TORTURA, CONSTRANGIMENTO ILEGAL, SEQUESTRO E CÁRCERE PRIVADO E REDUÇÃO A CONDIÇÃO ANÁLOGA À DE ESCRAVO. INCOMPETÊNCIA DA JUSTIÇA ESTADUAL PARA PROCESSAR E JULGAR O FEITO EM RAZÃO DO CRIME PREVISTO NO ART. 149 DO CÓDIGO PENAL. INEXISTÊNCIA DE INDÍCIOS DE QUE O DELITO EM QUESTÃO TERIA AFETADO A ORGANIZAÇÃO DO TRABALHO, TAMPOUCO OS INTERESSES DA UNIÃO. IMPOSSIBILIDADE DE REMESSA DOS AUTOS PARA A JUSTIÇA FEDERAL. CONSTRANGIMENTO ILEGAL INEXISTENTE.
> 1. Com o advento da Lei n. 10.803/2003, que alterou o tipo previsto do art. 149 da Lei Penal, passou-se a entender que o bem jurídico por ele tutelado deixou de ser apenas a liberdade individual, passando a abranger também a organização do trabalho, motivo pelo qual a competência para processá-lo e julgá-lo é, via de regra, da Justiça Federal. Doutrina. Precedentes do STJ.
> 2. No caso dos autos, da leitura da denúncia verifica-se que não há indícios de que a conduta prevista no art. 149 do Código Penal tenha atingido interesses da União, ou mesmo caracterizado crime contra a organização do trabalho, afetando unicamente a liberdade individual das vítimas, o que impede a remessa dos autos para a Justiça. Doutrina. Precedente do STF[115].

---

(115) STJ. 5ª Turma. RHC n. 58.160 SP. Relator: Desembargador Convocado do TJ/PE Leopoldo de Arruda Raposo. Julgamento: 6.8.2015. Publicação: DJe: 18.8.2015. Disponível em: https://ww2.stj.jus.br/processo/revista/inteiroteor/?num_registro=201500800469&dt_publicacao=18/08/2015. Acesso em: 17 jul. 2017.

Essa decisão, afirmei em texto publicado juntamente com Ana Carolina Del Castillo Jucá e Beatriz Bergamim Duarte, não obstante aparentemente tomada em consonância com precedentes do STF, em verdade, não parece adotar o melhor entendimento, pois condiciona a competência da Justiça Federal à violação de interesses da união, ou ao cometimento de crime contra a organização do trabalho, o que não seria o caso, pois teria sido afetada unicamente a liberdade individual das vítimas. Na verdade, verificando o voto do relator, observa-se que, possivelmente, o que houve foi um enquadramento incorreto do caso, desde a instância de origem, como sendo de cometimento de trabalho em condições análogas à de escravo, quando, na verdade, a questão era outra. Logo no início do voto consta o seguinte:

> Segundo consta da denúncia, os recorrentes são proprietários de uma clínica para recuperação de drogados, que possuiria autorização legal apenas para admitir internações voluntárias.
>
> Constatou-se que 12 (doze) vítimas teriam sido admitidas para tratamento voluntário, involuntário ou compulsório sem a observância das normas legais atinentes à medida, uma vez que as internações involuntárias não teriam sido comunicadas ao Ministério Público, nos termos da Lei n. 10.216/2001, inviabilizando qualquer tipo de atividade fiscalizatória, sendo os ofendidos mantidos em cárcere no interior do estabelecimento, presos por grades, cercas, correntes, ataduras e trancas, bem como obrigados a permanecer no interior de um imóvel, sem acesso às outras dependências da clínica, a não ser para cumprir ordens ilegais dos acusados(116).

Decisões nesse sentido, todavia, são cada vez mais isoladas, sendo o entendimento do Supremo Tribunal Federal bem claro a respeito.

A terceira premissa é a de que se deve buscar um paradigma histórico de comparação que efetivamente seja capaz de explicar o ilícito do art. 149 do Código Penal.

É que, em relação a esse último elemento, tem sido comum, até natural, tentar utilizar o período da escravidão legalizada no Brasil para entender e caracterizar o crime de reduzir o trabalhador à condição análoga à de escravo.

O problema é que a comparação, embora alguns fatos possam ser semelhantes, peca por misturar situações que ocorrem/ocorreram sob regimes jurídicos diferentes. Agora, não há permissivo legal para reduzir alguém à condição de escravo, o que, anteriormente, era possível.

---

(116) BRITO FILHO, José Claudio Monteiro de e outras. Posicionamento do Superior Tribunal de Justiça (STJ) em relação a questões envolvendo o trabalho em condições análogas às de escravo. In FIGUEIRA, Ricardo Rezende e outras. *Escravidão:* moinhos de gentes no século XXI. Rio de Janeiro: Mauad X, 2019. p. 257-276.

É preciso, a propósito, de uma vez por todas compreender que, embora ambas as práticas sejam completamente reprováveis, a escravidão legalizada no Brasil, primeiro dos indígenas e dos negros, depois, somente dos negros, porque consentida pelo Direito, dirigia-se a pessoas humanas, mas que não eram livres, sendo consideradas como bens, o que é distinto do momento atual, em que o Direito reprova a conduta, que é projetada, ao arrepio do ordenamento jurídico, contra seres humanos livres, à semelhança do plágio, na Roma Antiga.

Manter comparação de situações distintas, embora com resultados similares, é fonte de confusão, e pode sugerir a busca de uma tipicidade na conduta que dificilmente será encontrada, como a da "venda" dos trabalhadores ou algo assemelhado.

Como afirma Pierangeli, o delito previsto no art. 149 prevê uma situação de fato, que é a submissão de alguém a outrem[117]; já no caso da escravidão legalizada, o que se tinha era uma situação que não era somente de fato, mas de direito: alguém podia ter, juridicamente, domínio sobre outrem.

A melhor opção então é realizar a comparação com o plágio romano, como aliás constou da Exposição de Motivos da Parte Especial do Código Penal (6º parágrafo do item 51), assinada em 4 de novembro de 1940, e que dispôs:

> No art. 149, é prevista uma entidade ignorada do Código Vigente: o fato de reduzir alguém, por qualquer meio, à condição análoga à de escravo, isto é, suprimir-lhe, de fato, o *status libertatis*, sujeitando o agente ao seu completo e discricionário poder. É o crime que os antigos chamavam *plagium*. Não é desconhecida a sua prática entre nós, notadamente em certos pontos remotos de nosso *hinterland*.

Bitencourt explica o plágio da seguinte forma:

> Quando o Direito Romano proibia a condução da vítima, indevidamente, ao estado de escravidão, cujo *nomen iuris* era *plagium*, o bem jurídico tutelado não era propriamente a liberdade do indivíduo, mas o direito de domínio que alguém poderia ter ou perder por meio dessa escravidão indevida.[118]

Ainda a respeito do plágio, Pierangeli afirma que: "A palavra *plagium*, etimologicamente, vem do verbo *plagiare*, que na Roma antiga significava a compra de um homem livre sabendo que o era, e retê-lo em servidão ou utilizá-lo como próprio servo"[119].

---

(117) PIERANGELI, José Henrique. *Manual de direito penal brasileiro*. 2. ed. São Paulo: Revista dos Tribunais, 2007. v. 2: parte especial, p. 156.

(118) BITENCOURT, Cezar Roberto. *Tratado de direito penal, 2*: parte especial: dos crimes contra a pessoa. 9. ed. São Paulo: Saraiva, 2009. p. 397-398.

(119) PIERANGELI, José Henrique. *Manual de direito penal brasileiro*. 2. ed. São Paulo: Revista dos Tribunais, 2007. v. 2: parte especial, p. 156.

Já Nelson Hungria ensinava, em texto ainda relativo à versão anterior do Código Penal brasileiro, mas que tem aplicação na situação atual: "Sob o nome de *plagium*, o direito romano punia a escravização de homem livre". Mais adiante, depois da falar do plágio na Idade Média, o mesmo diz que, "já extinta a escravidão de *direito*, o nome *plagium* ainda continuou a ser usado para designar a escravidão de fato"[(120)].

Por essas explicações, fica claro porque o plágio serve para uma melhor comparação. É que esse delito ocorria quando se dava a um ser humano livre o tratamento de um escravo, ou seja, reduzia-se o ser humano a uma condição que não era a sua, a de escravo, nos mesmos moldes do art. 149.

Note-se que é possível buscar elementos históricos, no Brasil, como está indicado até na Exposição de Motivos acima transcrita, mas não no âmbito da escravidão legalizada, e sim nas práticas que ocorreram nas fazendas de café, no Sudeste, e nos seringais, na Amazônia, por exemplo, pois essas práticas assemelham-se muito aos fatos hoje em dia descritos como trabalho em condições análogas à de escravo, especialmente em relação ao modo de execução que se configura na restrição de locomoção do trabalhador em razão de dívida contraída, como será visto no Capítulo IV.

Tenho preferido fazer a comparação, todavia, especialmente com o plágio romano, pela generalidade deste, que permite abarcar, por esse motivo, todas ou praticamente todas as situações que hoje configuram o trabalho escravo, ao contrário das experiências históricas brasileiras retro indicadas, que enquadrariam somente alguns dos modos atuais de execução do tipo penal, principalmente, repito, a restrição de locomoção por dívida contraída, embora venha me inclinando a tentar fazer a comparação com a situação dos seringais, em que as práticas exploratórias eram mais amplas.

Compreendido pelo intérprete que o art. 149 do Código Penal, na nova redação, possui agora modos limitados e perfeitamente identificados, que o crime só pode ser cometido contra trabalhador, pelo tomador dos serviços e/ou por seus prepostos, e que a situação descrita no dispositivo legal, que tem antecedentes históricos, significa dar ao ser humano condição semelhante a de um escravo, é possível, como pretendo demonstrar no próximo item, identificar os bens tutelados pelo tipo penal de reduzir alguém à condição análoga à de escravo.

III.2.2. Bens jurídicos tutelados pelo art. 149 do Código Penal

Em relação aos bens jurídicos, é necessário primeiro compreender o que significam, e qual a sua finalidade.

---

(120) *Comentários ao Código Penal. Decreto-Lei n. 2.848, de 7 de dezembro de 1940*. 4. ed. Rio de Janeiro: Forense, 1958. p. 198. v. VI, arts. 137 a 154.

Bitencourt, discutindo essa questão, afirma que "o bem jurídico constitui a base da estrutura e interpretação dos tipos penais", registrando mais adiante a ligação entre tipo penal e bem jurídico, uma vez que pelo primeiro identifica-se o segundo[121].

Greco, por sua vez, relaciona os bens jurídicos à finalidade do Direito Penal, que é a proteção dos bens mais importantes para a sociedade[122]. Já Prado, delimitando o espaço de atuação dos bens jurídicos penais, leciona que "somente os bens jurídicos fundamentais devem ser objeto de atenção do legislador penal"[123].

Vista essa breve síntese da doutrina penal a respeito de bens jurídicos penais, é possível identificá-los como os valores, bens e direitos considerados importantes para os seres humanos, tanto em uma perspectiva universal como de comunidades específicas, e que, pela sua essencialidade, justificam a tutela sob a ótica penal.

A esse respeito, cabe indicar que alguns bens, mesmo considerados importantes, não assumirão a condição de bens jurídicos penais, visto que a intervenção penal só deve ser utilizada quando entender-se que essa é a solução adequada e que se justifica para reprimir determinado ato ilícito.

Passando aos bens tutelados pelo art. 149 do Código Penal, a doutrina, a respeito dos bens jurídicos penais, não tem posição exatamente uniforme, mas é possível, abstraída a forma própria de expressão de cada doutrinador, identificar ao menos um elemento comum.

Bitencourt, por exemplo, indica que o bem jurídico tutelado é a liberdade individual, o *status libertatis*, e, principalmente, a dignidade da pessoa humana. Para o autor, reduzir alguém à condição análoga à de escravo é deixar a pessoa completamente submissa a outrem[124].

Greco, por seu turno, afirma que o bem jurídico é a liberdade da vítima, mas, também, a vida, a saúde e a segurança do trabalhador[125]. No mesmo sentido de ser tutelada a liberdade, que chama de pessoal, é o pensamento de Prado[126].

Por fim, Haddad registra como bem jurídico a liberdade, que identifica como liberdade de trabalho, "que nada mais é do que a capacidade de o empregado autodetermi-

---

(121) BITENCOURT, Cezar Roberto. *Tratado de direito penal*: parte geral 1. 15. ed. São Paulo: Saraiva, 2010. p. 306/307.

(122) GRECO, Rogério. *Curso de direito penal*: parte geral. 14. ed. Niterói: Ímpetus, 2012. p. 4.

(123) PRADO, Luis Regis. *Bem jurídico-penal e Constituição*. 6. ed. São Paulo: Revista dos Tribunais, 2013. p. 23.

(124) BITENCOURT, Cezar Roberto. *Tratado de direito penal, 2*: parte especial: dos crimes contra a pessoa. 9. ed. São Paulo: Saraiva, 2009. p. 398-399.

(125) GRECO, Rogério. *Curso de direito penal*: parte especial. 5. ed. Niterói: Ímpetus, 2008. v. 2, p. 545.

(126) PRADO, Luiz Regis. *Direito penal*: parte especial — arts. 121 a 196. 2. ed. São Paulo: Revista dos Tribunais, 2008. p. 63.

nar-se e poder validamente decidir sobre as condições em que desenvolverá a prestação de serviço". O autor, a propósito, entende que a violação a essa liberdade é indispensável para se considerar que o trabalhador foi reduzido à condição análoga à de escravo, junto com as condições que aqui chamo de objetivas, de ser sujeito a condições degradantes de trabalho, ou a jornada excessiva, ou de ter limitada a sua liberdade de locomoção[(127)].

Já Nelson Hungria afirmava:

> O crime de que ora se trata (art. 149) é a completa sujeição de uma pessoa ao poder de outra. Protege a lei penal, aqui, o *status libertatis*, ou seja, a liberdade no conjunto de suas manifestações [...] O *status libertatis*, como estado de direito, permanece inalterado, mas, de fato, é suprimido. Entre o agente e o sujeito passivo se estabelece uma relação tal, que o primeiro se apodera totalmente da liberdade pessoal do segundo, ficando este reduzido, de fato, a um estado de passividade idêntica à do antigo cativeiro.[(128)]

Por esses doutrinadores, o elemento que sobressai é a liberdade, com algum destaque, também, para a dignidade da pessoa humana, como expressamente informa Bitencourt.

A jurisprudência do Supremo Tribunal Federal, por sua vez, caminhou para a compreensão de que há dois bens jurídicos tutelados pelo art. 149: a dignidade e a liberdade, como se pode observar na ementa do acórdão proferido no Inquérito n. 3.412/AL, que trata da submissão de trabalhadores à condição análoga à de escravo, em que foi responsável pela redação, por ter liderado a divergência, a Ministra Rosa Weber. Nessa ementa fica claro que, em casos que se ajustem ao tipo do art. 149, o que há é a violação da dignidade da pessoa humana, assim como de sua liberdade, pelos seguintes trechos: "Priva-se alguém de sua liberdade e de sua dignidade tratando-o como coisa e não como pessoa humana" e "A violação do direito ao trabalho digno impacta a capacidade da vítima de realizar escolhas segundo a sua livre determinação". A ementa do acórdão é a seguinte:

> **EMENTA:** PENAL. REDUÇÃO À CONDIÇÃO ANÁLOGA À DE ESCRAVO. ESCRAVIDÃO MODERNA. DESNECESSIDADE DE COAÇÃO DIRETA CONTRA A LIBERDADE DE IR E VIR. DENÚNCIA RECEBIDA. Para configuração do crime do art. 149 do Código Penal, não é necessário que se prove a coação física da liberdade de ir e vir ou mesmo o cerceamento da liber-

(127) HADDAD, Carlos Henrique Borlido. Aspectos penais do trabalho escravo. *In:* FIGUEIRA, Ricardo Rezende e outros (orgs.). *Privação de liberdade ou atentado à dignidade*: escravidão contemporânea. Rio de Janeiro: Mauad X, 2013. p. 85.

(128) *Comentários ao Código Penal. Decreto-Lei n. 2.848, de 7 de dezembro de 1940*. 4. ed. Rio de Janeiro: Forense, 1958. p. 199-200. v. VI, arts. 137 a 154.

dade de locomoção, bastando a submissão da vítima "a trabalhos forçados ou à jornada exaustiva" ou "a condições degradantes de trabalho", condutas alternativas previstas no tipo penal. A "escravidão moderna" é mais sutil do que a do século XIX e o cerceamento da liberdade pode decorrer de diversos constrangimentos econômicos e não necessariamente físicos. Priva-se alguém de sua liberdade e de sua dignidade tratando-o como coisa e não como pessoa humana, o que pode ser feito não só mediante coação, mas também pela violação intensa e persistente de seus direitos básicos, inclusive do direito ao trabalho digno. A violação do direito ao trabalho digno impacta a capacidade da vítima de realizar escolhas segundo a sua livre determinação. Isso também significa "reduzir alguém à condição análoga à de escravo". Não é qualquer violação dos direitos trabalhistas que configura trabalho escravo. Se a violação aos direitos do trabalho é intensa e persistente, se atinge níveis gritantes e se os trabalhadores são submetidos a trabalhos forçados, jornadas exaustivas ou a condições degradantes de trabalho, é possível, em tese, o enquadramento no crime do art. 149 do Código Penal, pois os trabalhadores estão recebendo o tratamento análogo ao de escravos, sendo privados de sua liberdade e de sua dignidade. Denúncia recebida pela presença dos requisitos legais.(129)

Deve-se observar que a decisão foi por maioria, havendo Ministros que, em relação ao bem jurídico penal, manifestaram posições contrárias. O Ministro Marco Aurélio, por exemplo, que era o Relator original, defendeu que o ilícito penal, no caso do art. 149, só existe quando há restrição à liberdade de locomoção dos trabalhadores. De seu voto, para demonstração dessa posição, pode ser extraído o seguinte trecho: "Somente haverá conduta típica prevista no art. 149 do Código Penal se demonstrado pelo Estado-acusador o cerceio à liberdade de ir e vir dos prestadores de serviço, a impossibilitá-los de reagir ou deixar o local de trabalho, diante de quadro opressivo imposto pelo empregador"(130).

Já em relação à dignidade, entendeu que não poderia ser objeto de tutela o Ministro Dias Toffoli, para quem seu uso (da dignidade), na seara penal, seria um "passo exagerado". Concordou, todavia, com o entendimento de que o que o art. 149 do Código Penal, tutela é a liberdade pessoal, e não somente a liberdade de locomoção(131).

O entendimento apresentado na decisão acima comentada, em relação à liberdade, cabe registrar, já havia sido apresentado em sentença (n. 97/2009) proferida pelo Juiz Federal Carlos Henrique Borlido Haddad, já citado mais acima, nos autos do processo n. 2008.39.000450-2, da Vara Federal de Marabá, Seção Judiciária do Pará, em 4 de março de 2009. Da decisão, nas páginas 6 e 7, extraio alguns trechos que indicam a compreensão de que é a liberdade o bem jurídico tutelado, mas a liberdade pessoal, e não somente a liberdade de locomoção:

---

(129) Disponível em: http://redir.stf.jus.br/paginadorpub/paginador.jsp?docTP=TP&docID=3076256. Acesso em: 19 jun. 2014. O acórdão pode ser encontrado, também, na *Revista Trimestral de Jurisprudência*, Brasília: STF, v. 224, abr./jun. 2013.

(130) *Ibidem* p. 9 do acórdão.

(131) *Ibidem*, p. 37 e 38 do acórdão, estando a parte transcrita na página 37.

Deve-se compreender, a partir da vigência da Lei n. 10.803/03, que a lesão à liberdade pessoal provocada pelo crime de redução à condição análoga à de escravo não se restringe à movimentação ambulatorial, pois o leque de abrangência do tipo penal foi aumentado. Em verdade, os delitos inscritos no título I, Capítulo VI, Seção I da Parte Especial do Código Penal não se vinculam à tutela da liberdade de locomoção, como se pode perceber pela análise do delito de ameaça, inserido na mesma seção. A proteção dirige-se à liberdade pessoal, na qual se inclui a liberdade de autodeterminação, em que a pessoa tem a faculdade de decidir o que fazer, como, quando e onde fazer.

Já em relação à dignidade, ela foi expressamente reconhecida como sendo violada, nos casos de trabalho escravo, no Judiciário Trabalhista, em decisão da 1ª Turma do Tribunal Superior do Trabalho, já mencionada em nota no Capítulo I, e que tem a seguinte ementa:

> RECURSO DE REVISTA — DANO MORAL COLETIVO — REDUÇÃO DE TRABALHADOR À CONDIÇÃO ANÁLOGA À DE ESCRAVO — REINCIDÊNCIA DAS EMPRESAS — VALOR DA REPARAÇÃO. O Tribunal local, com base nos fatos e nas provas da causa, concluiu que as empresas reclamadas mantinham em suas dependências trabalhadores em condições análogas à de escravo e já haviam sido condenadas pelo mesmo motivo em ação coletiva anterior. Com efeito, a reprovável conduta perpetrada pelos recorrentes culmina por atingir e afrontar diretamente a dignidade da pessoa humana e a honra objetiva e subjetiva dos empregados sujeitos a tais condições degradantes de trabalho, bem como, reflexamente, afeta todo o sistema protetivo trabalhista e os valores sociais e morais do trabalho, protegidos pelo art. 1º da Constituição Federal. O valor da reparação moral coletiva deve ser fixado em compatibilidade com a violência moral sofrida pelos empregados, as condições pessoais e econômicas dos envolvidos e a gravidade da lesão aos direitos fundamentais da pessoa humana, da honra e da integridade psicológica e íntima, sempre observando os princípios da razoabilidade e proporcionalidade. Na hipótese, ante as peculiaridades do caso, a capacidade econômica e a reincidência dos recorrentes, deve ser mantido o *quantum* indenizatório fixado pela instância ordinária. Intactas as normas legais apontadas. Recurso de revista não conhecido.[132]

Note-se, a propósito da decisão, que o recurso que a motivou, mesmo não tendo sido conhecido, recebeu da Turma, que decidiu à unanimidade pelo voto do Ministro Relator, análise substancial das questões tratadas, permitindo identificar, nas razões de

(132) Processo TST-RR n. 178000-13.2003.5.08.0117. Relator: Ministro Luiz Philippe Vieira de Mello Filho. Julgamento em 18 de agosto de 2010. Disponível em: http://aplicacao5.tst.jus.br/consultaunificada2/inteiroTeor.do?action=printInteiroTeor&format=html&highlight=true&numeroFormatado=RR%20-%20178000-13.2003.5.08.0117&base=acordao&rowid=AAANGhAAFAAAH56AAE&dataPublicacao=27/08/2010&localPublicacao=DEJT&query=REDU%C7%C3O%20and%20DE%20and%20TRABALHADOR%20and%20A%20and%20CONDI%C7%C3O%20and%20AN%C1LOGA%20and%20%C0%20and%20DE%20and%20ESCRAVO. Acesso em: 19 jun. 2014.

decidir, a fixação da dignidade da pessoa humana como o bem protegido que justifica a não aceitação desse tipo de prática nas relações de trabalho, e nos moldes também fixados pela doutrina.

Isso já fica bem claro na ementa, acima transcrita, quando se afirma que a conduta dos réus afronta a dignidade da pessoa humana, mas persiste na fundamentação do acórdão, observando-se a partir da página 23, que a consideração feita pelo Ministro Relator a respeito da caracterização do trabalho em condições análogas à de escravo é lastreada na necessidade de proteção desse atributo do ser humano, alçado à condição de valor fundamental.

Com efeito, na página indicada, consta do voto:

> A redução de pessoa à condição análoga à de escravo ganhou conceito legal penal com a nova redação do art. 149 do Código Penal, introduzida pela Lei n. 10.803/2003, na qual a pessoa fica submetida a trabalhos forçados, a jornada de trabalho exaustiva, a condições degradantes de trabalho ou restringida de locomoção em razão de dívida contraída com o empregador, de vigilância ostensiva ou da retenção de documentos.
>
> Logo, a condição de trabalho escravo ou similar acarreta a ofensa frontal à dignidade da pessoa humana e, reflexamente, a todo o sistema protetivo trabalhista e aos valores sociais do trabalho, protegidos pelo art. 1º da Constituição Federal.

Tal consideração é, seguramente, o aspecto mais importante da decisão, não obstante sua notoriedade tenha decorrido mais do fato de ter sido, com o não conhecimento do recurso de revista, mantida condenação em dano moral coletivo no valor de cinco milhões de reais, como já havia sido observado no Capítulo I deste livro.

Não que o valor da condenação não tenha relevância, pois tem, demonstrando que não haverá complacência para com condutas reprováveis como a de submeter alguém à condição análoga à de escravo. Ocorre que, o reconhecimento expresso da dignidade como bem jurídico tutelado nos casos em que se reprime o trabalho em condições análogas à de escravo é de suma importância para que a caracterização desse ilícito ganhe contornos mais uniformes na jurisprudência, permitindo que a atuação dos órgãos estatais que reprimem esse tipo de conduta seja mais eficaz, pela aceitação que passa a existir, pelo último intérprete, no tocante ao mais abrangente e importante fundamento que justifica toda a repressão levada a efeito.

Observadas as posições doutrinárias a respeito dos bens jurídicos tutelados pelo art. 149 do Código Penal, e apresentado como a jurisprudência compreende a relação que dá ensejo à aplicação do tipo penal, cabe fazer algumas considerações a respeito da discussão, desde logo registrando que minha intenção é explicitar algumas questões que se coadunam com o que foi decidido pela Ministra Rosa Weber, no Inquérito n. 3.412/AL, e registrado, no plano doutrinário, por Bitencourt.

Iniciando, relembro a questão tratada no item I deste capítulo, a respeito do fato de que a norma penal incriminadora materializada no art. 149 do Código Penal brasileiro está prevista em ponto do Código Penal que produz a conclusão de que a liberdade do indivíduo é um bem que deve ser considerado como tutelado pelo dispositivo.

Não se deve ter a falsa impressão, todavia, de que o bem maior é a liberdade, o que, cabe ressaltar, até a alteração do art. 149 do CP pela Lei n. 10.803/2003, era a concepção dominante, para não dizer pacífica.

É que, claramente, esse não é o principal bem jurídico tutelado, devendo ser considerado que houve, nessa questão, uma ampliação do eixo de proteção, da liberdade para, também e principalmente, a dignidade da pessoa humana, a partir da concepção de Kant (2003) a respeito desses dois princípios[133].

Em relação à dignidade da pessoa humana, a chave para isso é entender a separação que foi feita por Kant entre aquele (o ser humano) que deve ser tratado como um fim em si mesmo, o que o faz merecedor de um mínimo de direitos, em razão de possuir o atributo da dignidade, e o que pode ser tratado como meio (o ser não racional), ou seja, instrumentalizado, por ter como atributo o preço, pois essa é a principal justificativa da existência do art. 149, que quer exatamente evitar que os trabalhadores possam ser, no tratamento que recebem do tomador de serviços, equiparados aos seres não racionais.

Isso se explica, como ensina Eduardo Ramalho Rabenhorst, porque, "[n]a perspectiva Kantiana, a dignidade humana se funda [...] no lugar que o homem ocupa na escala dos seres"[134].

Kant, a respeito, afirma:

> No reino dos fins tudo tem ou um *preço* ou uma *dignidade*. Quando uma coisa tem preço, pode-se pôr em vez dela qualquer outra coisa como *equivalente*; mas quando uma coisa está acima de todo o preço, e portanto não permite equivalente, então ela tem dignidade.[135]

Como já foi adiantado, não quer dizer que a liberdade deva ser desconsiderada, pois a necessidade de sua proteção estará sempre presente, de forma ampla, porque o tipo

---

(133) Ver em: KANT, Immanuel. *Fundamentação da metafísica dos costumes*. Tradução de Paulo Quintela. Lisboa: Edições 70, 2003.

(134) RABENHORST, Eduardo Ramalho. *Dignidade humana e moralidade democrática*. Brasília: Brasília Jurídica, 2001. p. 34.

(135) KANT, Immanuel. *Fundamentação da metafísica dos costumes*. Tradução de Paulo Quintela. Lisboa: Edições 70, 2003. p. 77.

penal exige, para sua caracterização, a partir de qualquer das condutas nele descritas, uma relação de sujeição que, direta ou indiretamente, atinja, fira a liberdade da pessoa.

Apenas ela deve ser vista, em alguns modos, como um domínio extremado, e não na forma tradicional. Deve ser vista a liberdade em seu sentido mais amplo, e não, como às vezes acontece, somente como restrição a um de seus aspectos, que é a liberdade de ir e vir, de locomoção.

Isso, a propósito, a doutrina esclarece de forma expressa, como visto acima, sendo possível ainda sua compreensão a partir dos ensinamentos de Kant, quando ele entende que a liberdade é decorrente do dever e não da inclinação, ou seja, a liberdade existe para fazer o que é certo, a partir de um juízo racional, e não para agir de acordo com as necessidades humanas, por exemplo, até porque, nessa hipótese e em certos casos, não se diferenciaria o ser humano dos seres não racionais, que também fazem escolhas[(136)]. Como pode alguém decidir de forma livre o que é o certo, quando está, por circunstâncias que anulam sua vontade, totalmente subjugado pelas condições impostas pelo tomador de seus serviços e, também, pelas suas próprias condições de vida, situação que é claramente utilizada pelo contratante para o atingimento de um fim ilícito.

Dignidade e liberdade, dessa feita, andam juntas na questão do trabalho escravo, sendo os bens jurídicos tutelados pelo art. 149 do Código Penal, qualquer que seja o modo de execução, o que será objeto de discussão no primeiro item do capítulo que vem a seguir.

---

(136) Ver, a respeito, além da obra de Kant, já indicada, o que ensina Michael Sandel (*Justiça* — o que é fazer a coisa certa. 4. ed. Rio de Janeiro: Civilização Brasileira, 2011).

Modos de Execução e Aumento da Pena

Capítulo IV

O objetivo deste capítulo, como o título já indica, é tratar de duas questões importantes para a caracterização jurídica do trabalho em condições análogas à de escravo.

Primeiro, dos modos de execução, que constituem parte imprescindível para a compreensão da verdadeira dimensão do trabalho escravo. Depois, das causas de aumento da pena, o que, como será visto, sofre algumas críticas, mas, podem ser justificadas como aspecto importante do art. 149 do Código Penal.

IV.1. Modos de execução

Como já visto ao longo deste livro, o art. 149 do Código Penal não prevê uma conduta genérica e única para que os bens jurídicos protegidos sejam objeto de ofensa, como, ao contrário, e por exemplo, ocorre no homicídio, quando o crime é: *matar alguém*.

No caso do trabalho em condições análogas à de escravo são prescritas várias hipóteses para sua ocorrência, denominadas modos de execução, e que descrevi sinteticamente no capítulo II, dividindo-os da seguinte forma: I — Trabalho escravo típico, em que os modos de execução são: (1) trabalho forçado; ou em (2) jornada exaustiva; (3) trabalho em condições degradantes; e (4) trabalho com restrição de locomoção, em razão de dívida contraída; II — Trabalho escravo por equiparação, que se apresenta pelos seguintes modos: retenção no local de trabalho, (1) por cerceamento do uso de qualquer meio de transporte; (2) pela manutenção de vigilância ostensiva; ou (3) pela retenção de documentos ou objetos de uso pessoal do trabalhador.

Não basta, então, para a compreensão do trabalho escravo, caracterizar genericamente o ilícito, pois ele pode ocorrer de diversas formas, e é preciso compreender essas formas, pois é a partir delas que a tipificação ocorrerá. É o que tentarei fazer a seguir neste item, primeiro em relação aos modos típicos de execução, depois em relação ao trabalho escravo por equiparação.

Registro que minha intenção, em relação a cada um dos modos típicos e, depois, de forma englobada, nos três modos de execução por equiparação, é, primeiro, fazer alguns comentários a respeito, lançando mão da doutrina e da jurisprudência, para, logo após, tentar apresentar as características de cada modo, além de uma possível definição.

Deve o leitor entender todavia que, mais importantes que as definições, penso, para a caracterização do trabalho escravo a partir de cada modo de execução, são as características que efetivamente importam, pois são elas que permitem ver com mais clareza se o modo de execução está ou não presente, em cada situação concreta.

Principalmente porque para alguns modos de execução, especialmente o trabalho em condições degradantes, não há como apresentar uma definição precisa, de forma analítica, pois a situação pode variar bastante, de acordo com o conjunto de condições de trabalho que forem negadas ao ponto de configurar a degradação.

Para encerrar esta parte inicial do capítulo, cabe lembrar que o crime previsto no art. 149 será caracterizado na ocorrência de cada um dos modos de execução, de forma isolada.

Nesse sentido, identificar qualquer dos modos de execução, tanto típicos quanto por equiparação, leva à tipificação do ilícito penal de reduzir alguém à condição análoga à de escravo, não sendo necessário fazer combinação entre os modos.

É como ensina Fernando Capez, ao afirmar que "basta a caracterização de uma dessas situações para que o crime se configure, não sendo necessária a coexistência de todas elas"[(137)].

Essa, registro, não é uma concepção que não tenha pensamentos em contrário, como será possível vislumbrar quando for discutido o modo condições degradantes de trabalho, quando apresentarei votos de ministros do STF que vinculam os modos de execução à restrição à liberdade de locomoção, que caracteriza de forma

---

(137) *Curso de direito penal, 2*: parte especial. 9. ed. São Paulo: Saraiva, 2009. p. 346.

expressa alguns modos, mas não todos, como a jornada exaustiva e o trabalho em condições degradantes.

Por outro lado, é comum, nas decisões judiciais, que a caracterização do trabalho em condições análogas à de escravo ocorra com a conjugação de mais de um modo de execução, embora, como visto, tal não seja necessário.

É o caso da decisão abaixo especificada, em que se reconhece, ao mesmo tempo, o trabalho em condições degradantes e a restrição de locomoção por dívida contraída, sendo esta, talvez, do ponto de vista fático, a combinação mais comum de modos de execução que se verifica nos casos de trabalho escravo. A ementa do acórdão é a seguinte:

> PENAL. CRIME CONTRA A LIBERDADE. REDUÇÃO À CONDIÇÃO ANÁLOGA À DE ESCRAVO (ART. 149, *CAPUT*, DO CP). FATOS OCORRIDOS EM 2003. AUTORIA E MATERIALIDADE COMPROVADAS.
>
> 1. O tipo objetivo — sujeitar alguém à vontade do agente, escravizar a pessoa humana — descrito na antiga redação do art. 149 do Código Penal, depois da publicação da Lei n. 10.803, de 11.12.2003, continuou o mesmo. A nova Lei n. 10.803/2003 apenas explicitou as hipóteses em que se configuram a condição análoga à de escravo, como, por exemplo, a submissão a trabalhos forçados, a jornada exaustiva, o trabalho em condições degradantes, a restrição da locomoção em razão de dívida com o empregador ou preposto. A nova lei ainda acrescentou formas qualificadas, punindo o crime com o aumento da pena em metade.
>
> 2. Trabalhadores submetidos a condições de trabalho degradantes, num cenário humilhante de trabalho, indigno de um humano livre, havendo não apenas desrespeito a normas de proteção do trabalho, mas desprezo a condições mínimas de saúde, segurança, higiene, respeito e alimentação, além de exercerem trabalho em servidão por contas de dívidas ali contraídas, pois se verifica que eram vendidos aos trabalhares insumos básicos, como arroz e feijão e equipamentos de proteção individual, comprovam a autoria do crime previsto no art. 149, *caput* e § 2º, I, do CP pelo acusado.
>
> 3. Materialidade e autoria comprovadas pelos documentos acostados e provas testemunhais produzidas.
>
> 4. Aumento do concurso formal entre crimes da mesma espécie fixado em 1/2 (metade), em virtude de 154 (cento e cinquenta e quatro) trabalhadores terem sido reduzidos à condição análoga à de escravo.
>
> 5. Recurso provido.[(138)]

Voltarei a tratar dessas questões ao longo do capítulo, especialmente esse último aspecto, na última parte deste item 1, até porque, como será observado, é o momento mais apropriado.

---

(138) Tribunal Regional Federal da 1ª Região, 3ª Turma. Processo n. 0000616-97.2007.4.01.3901. Relator: Desembargador Tourinho Neto. Julgamento em: 17.12.2012. Disponível em: www.trf1.jus.br. Acesso em: 28 fev. 2014.

IV.1.1. Modos de Execução Típicos

Em primeiro lugar, denomino típicos os modos de execução que estão indicados no *caput* do art. 149 do Código Penal, e constituem as principais condutas que são descritas como caracterizando o trabalho em condições análogas à de escravo. Como visto acima, esses modos podem ser divididos em quatro, sendo, agora, discutidos de forma individualizada.

IV.1.1.1. Trabalho forçado

O primeiro modo de execução é o trabalho forçado, aparentemente, o mais fácil de definir. Seria assim se em torno desta espécie ou modo de execução não tivessem ocorrido, na mudança da situação antiga para a nova, no que diz respeito à redação do art. 149 do Código Penal, alguns equívocos no aspecto conceitual.

Até a nova redação do art. 149, a lacônica descrição do ilícito conduzia ao entendimento, incorreto, de que a redução da pessoa à condição análoga à de escravo significava exclusivamente uma restrição à liberdade, não obstante desde a Exposição de Motivos da Parte Especial do Código Penal, em 1940, já fosse cabível vislumbrar o ilícito em um espectro maior.

De qualquer sorte, essa ligação direta e restrita com a falta de liberdade permitia relacionar o ilícito do art. 149 com o disposto nas Convenções ns. 29 e 105 da Organização Internacional do Trabalho — OIT, que tratam do trabalho forçado ou obrigatório, já vistas no Capítulo II, no item 3.

O ilícito do art. 149 do Código Penal brasileiro, então, na perspectiva do trabalho, era claramente uma espécie da conduta rejeitada pela OIT, junto com outras, como o trabalho obrigatório como medida de coerção ou de educação política, como se encontra no art. 1º, "*a*", da Convenção n. 105.

A alteração do art. 149, todavia, em 2003, que ofereceu ao ilícito uma amplitude maior, gerou insegurança em relação ao que parecia consolidado, que era a relação entre o trabalho forçado definido pela OIT e o trabalho escravo definido como crime na legislação penal brasileira.

É que a introdução, de forma expressa, de outros modos de execução que, não o que se imaginava estar exclusivamente indicado no dispositivo legal, o trabalho obrigatório, em princípio, desequilibrava a relação antes estabelecida entre norma de Direito Internacional e norma do Direito Interno.

Hoje se pode afirmar que esse desequilíbrio não ocorre, uma vez que, ainda que em intensidades diversas, a falta de liberdade continua a existir em todos os modos de execução, desde que entendida sob a forma de um domínio extremado do tomador de serviços em relação ao trabalhador, em todos os casos motivada (a falta de liberdade) pela situação de miséria, de extrema necessidade, do último.

O primeiro modo de execução típico e de que estou agora a tratar, o trabalho forçado, então, difere de outros, que verei a seguir, mais por uma questão de intensidade, pois nessa hipótese a compulsoriedade na prestação do serviço é a característica determinante.

Essa compulsoriedade é acentuada de forma pacífica pela doutrina. Luis Regis Prado, por exemplo, indica, singelamente, que neste modo de execução o trabalho ocorre contra a vontade do trabalhador(139).

Débora Maria Ribeiro Neves, de forma mais analítica, define trabalho forçado como:

> [...] aquele em que há o cerceamento da liberdade de locomoção do trabalhador, impedindo sua autodeterminação e ignorando sua vontade. É quando o trabalhador se vê impedido de deixar o local de trabalho e de encerrar o contrato de trabalho, tudo com o objetivo de manter o trabalhador naquele local, trabalhando de forma forçada, ou seja, obrigatória, sem ter meios de sair.(140)

Já Fernando Capez registra que, nesse modo, há a sujeição, a subjugação da vítima (o trabalhador) a trabalhos forçados, "entendendo-se como tais aqueles em que não há como oferecer resistência ou manifestar recusa, em face do emprego de violência, ameaça ou fraude"(141). Seguindo a linha da sujeição, Pierangeli afirma que o modo caracteriza-se pelo "ato de submeter-se a uma coação que se apresenta como ato de força, em razão da qual a vítima sujeita-se à execução de trabalhos forçados. A submissão pode decorrer de coação física ou moral"(142).

Não é um modo de fácil verificação, bem como que ocorra, comumente, de forma isolada. Pelo contrário, nas decisões judiciais está sempre imbricado aos modos mais comuns, que são o trabalho em condições degradantes e a restrição de locomoção por dívida contraída. Tanto é assim que, em pesquisa por mim feita da jurisprudência a respeito, tanto em matéria trabalhista como penal, não encontrei um único acórdão,

---

(139) *Direito penal*: parte especial — arts. 121 a 196. 2. ed. São Paulo: Revista dos Tribunais, 2008. p. 64.

(140) *Trabalho escravo e aliciamento*. São Paulo: LTr, 2012. p. 49.

(141) *Curso de direito penal, 2*: parte especial. 9. ed. São Paulo: Saraiva, 2009. p. 346.

(142) PIERANGELI, José Henrique. *Manual de direito penal brasileiro*. 2. ed. São Paulo: Revista dos Tribunais, 2007. v. 2: parte especial, p. 159.

de condenação ou absolvição, que tratasse da redução à condição análoga à de escravo somente pelo trabalho forçado.

Mas isso é simples de compreender: quem obriga ao trabalho também o faz sem se importar com as condições de trabalho que está oferecendo, ou com o fato de a jornada exigida poder causar danos à saúde de quem presta o serviço, ou até de cobrar do trabalhador preços absurdos por qualquer tipo de bem. Essa, aliás, é a lógica do art. 149 do Código Penal, tanto em sua versão atual, como na original, como saliento em diversos momentos deste livro.

Feitas todas essas considerações, deve-se caracterizar o trabalho forçado como espécie do crime de reduzir alguém à condição análoga à de escravo a partir dos seguintes elementos: 1. A existência de uma relação de trabalho entre os sujeitos ativo (tomador de serviços) e passivo (trabalhador) do ilícito; 2. O fato de o trabalho ser prestado de forma compulsória, independentemente da vontade do trabalhador, ou com a anulação de sua vontade, por qualquer circunstância que assim o determine.

A partir desses elementos, trabalho forçado define-se como: o trabalho que for prestado por trabalhador a tomador de serviços em caráter obrigatório, quando não decorrer da livre vontade do primeiro, ou quando a obrigatoriedade for consequência, por qualquer circunstância, da anulação de sua vontade.

IV.1.1.2. Jornada exaustiva

A jornada exaustiva, seguindo a ordem estabelecida no art. 149, *caput*, do Código Penal, é o segundo dos modos de execução do trabalho em condições análogas à de escravo, e o primeiro em que não há, aparentemente, restrição à liberdade do trabalhador.

Aparentemente porque, como visto no capítulo anterior, em todas as hipóteses descritas no art. 149 há violação à liberdade da pessoa, de uma forma ou de outra, em maior ou menor grau.

E essa é uma das questões que deve ser levada em consideração no momento de identificar esse modo de execução, assim como outra, que também não varia, independentemente do modo, qual seja a de que deve haver entre o autor do delito e a vítima deste uma relação de trabalho, o que foi visto ainda no capítulo anterior.

Esses dois elementos, ou premissas, todavia, não são suficientes para a identificação da jornada exaustiva, sendo necessário verificar o que caracteriza especificamente esse modo de execução.

Começando com a doutrina a respeito, para Nucci, a jornada exaustiva se caracteriza pelo "trabalho diário que foge às regras da legislação trabalhista, exaurindo o trabalhador", sendo que, para que se configure, é preciso que "o patrão *submeta* (ou seja, exija, subjugue, domine pela força) o seu empregado a tal situação"(143).

Já Greco defende que jornada exaustiva de trabalho é a que esgota as forças do trabalhador, "minando sua saúde física e mental"(144). Na mesma linha, Prado fala em uma jornada "esgotante, além do que é considerado aceitável"(145).

Cícero Rufino Pereira, de sua banda, indica que a jornada exaustiva "expõe o trabalhador à falta de segurança e riscos para sua saúde", pelo fato de que "o trabalho em longas jornadas deixa o ser humano com os reflexos e raciocínio mais lentos, submetendo o obreiro a riscos de acidentes e problemas de saúde relacionados à fadiga"(146).

Por fim, Capez registra que "se caracteriza o crime na hipótese em que se impõe a obrigação do labor até a exaustão física, sem perspectiva de interrupção a curto prazo"(147).

A nota típica desse modo é o excesso de jornada que é imposto ao trabalhador, mas não necessariamente porque a jornada é mais longa, e sim porque, independentemente do tempo de jornada, ela é capaz de exaurir o trabalhador, causando prejuízos à sua saúde, podendo até levá-lo à morte. É claro que é previsível que isso ocorra, via de regra, em jornadas estendidas para além do tempo normal de trabalho, mas isso não é determinante, pois basta que o trabalho, ainda que em jornada dentro dos parâmetros legais, seja exercido de tal forma que leve o trabalhador à exaustão, para que o ilícito seja reconhecido.

Exemplo disso é o relatado por Francisco Alves e José Roberto Novaes que, tratando do corte da cana-de-açúcar e das exigências feitas de aumento de produtividade, afirmam que estas findam por colocar "os trabalhadores no limite da capacidade física", sendo consequência disto "as doenças e as mortes por excesso de trabalho"(148).

A propósito, em relação à atividade indicada pelos autores, isso fica claro a partir do relato que é feito em decisão da 10ª Câmara, 5ª Turma, do Tribunal Regional do Trabalho (TRT) da 15ª Região. A ementa é a seguinte:

---

(143) NUCCI, Guilherme de Souza. *Código penal comentado*. 9. ed. São Paulo: Revista dos Tribunais, 2008. p. 691.

(144) GRECO, Rogério. *Curso de direito penal*: parte especial. 5. ed. Niterói: Ímpetus, 2008. v. 2, p. 543.

(145) PRADO, Luiz Regis. *Direito penal*: parte especial — arts. 121 a 196. 2. ed. São Paulo: Revista dos Tribunais, 2008. p. 64.

(146) *Efetividade dos direitos humanos trabalhistas*: o Ministério Público do Trabalho e o tráfico de pessoas: o protocolo de Palermo, a Convenção n. 169 da OIT, o trabalho escravo, a jornada exaustiva. São Paulo: LTr, 2007. p. 59.

(147) CAPEZ, Fernando. *Curso de direito penal, 2*: parte especial. 9. ed. São Paulo: Saraiva, 2009. p. 346.

(148) Precarização e pagamento por produção: a lógica do trabalho na agroindústria canavieira. *In*: FIGUEIRA, Ricardo Rezende e outros (orgs.). *Trabalho escravo contemporâneo*: um debate transdisciplinar. Rio de Janeiro: Mauad X, 2011. p. 99.

RURÍCOLA — CORTE DE CANA — SERVIÇO ESTAFANTE E PENOSO — AMPLIAÇÃO DE JORNADA — PAGAMENTO DO VALOR HORA E ADICIONAL — PERTINÊNCIA. É fato incontroverso que o reclamante trabalhava no corte de cana-de-açúcar, serviço penoso que exige grande esforço físico, destreza no manejo do facão, movimentação corporal intensa, para abraçar o feixe de cana, inclinação para golpes certeiros com emprego de força suficiente para cortá-la rente ao chão. Em seguida abraça o fecho de cana para lançá-la no meio do eito, exigindo grande mobilidade durante toda a jornada, porque o eito normalmente é de cinco ruas, além de trabalhar sob sol intenso, como em dias de chuva que, na cana queimada, deixa-o impregnado de carvão. O preço do serviço é por metro ou tonelada, cuja remuneração é baixa, exigindo grande produção diária, inclusive com ampliação de jornada, para que no final da semana, quinzena ou mês se obtenha uma remuneração um pouco melhor. Todo este esforço é responsável por fadiga e estafa física, tendo levado considerável número de trabalhadores à morte por exaustão. É natural que ao final da jornada normal, o trabalhador já extenuado fisicamente, produz menos. No período de tempo de ampliação da jornada a produção será menor ainda, se comparada ao período em que estava fisicamente mais disposto. Neste contexto, remunerar o excesso à jornada normal apenas com o adicional não é justo nem razoável. Daí porque, tem-se por correta a r. sentença ao determinar que se pague a hora e o adicional. Recurso Ordinário da reclamada a que se nega provimento.(149)

No caso acima, como é facilmente compreendido, até houve excesso de jornada, mas, penso, não é necessário que isto ocorra, sempre, para que se configure a jornada exaustiva, até porque, em casos como o narrado, os prejuízos à saúde do trabalhador podem ocorrer mesmo sem que extrapole a jornada usual de trabalho.

No caso do corte da cana isso acontece porque, como indicam novamente, Francisco Alves e José Roberto Novaes, aumentou muito a quantidade de cana cortada por trabalhador de 1960 para 2010, quando fizeram o levantamento, sendo que os trabalhadores continuam utilizando o mesmo instrumento de trabalho: o "podão", e isso significa, para manter o emprego, sendo considerado útil o trabalhador, "cortar, no mínimo, 10 toneladas de cana por dia"(150).

Para os autores:

> [...] para cumprir essa meta de produção, os trabalhadores têm que operar no limite de sua capacidade física. Quando as dores no corpo aparecem, recorre-se à automedicação com o uso de anti-inflamatórios, comprados livremente nas farmácias locais. É essa a via necessária para fazer a produtividade crescer a qualquer custo e preço.(151)

---

(149) Processo TRT 15ª Região n. 0001459-52.2011.5.15.0117. Recurso Ordinário. Relator: Juiz Fabio Allegretti Cooper. Acórdão assinado em 8.3.2013. Disponível em: www.trt15.jus.br. Acesso em: 5 fev. 2014.

(150) Precarização e pagamento por produção: a lógica do trabalho na agroindústria canavieira. *In*: FIGUEIRA, Ricardo Rezende e outros (orgs.). *Trabalho escravo contemporâneo*: um debate transdisciplinar. Rio de Janeiro: Mauad X, 2011. p. 100 e 108.

(151) *Ibidem*, p. 119-120.

E, repito, é isto que o art. 149 do Código Penal, no modo de execução jornada exaustiva tenta reprimir, ou seja, que o empregador exija do trabalhador a prestação de serviços em intensidade além do razoável, com altos riscos à sua saúde e à sua vida, dentro da jornada exigida. É que, não fosse assim, o modo seria jornada excessiva, e não exaustiva.

Essa observação, a propósito, já havia sido feita por mim anteriormente, em texto publicado em obra coletiva, até para separar o que é a jornada exaustiva do art. 149, e o que configura uma violação às normas de proteção do trabalho, mas não um ilícito penal, quando afirmei: "É preciso diferenciar, então, o excesso de jornada, sujeito ao pagamento das verbas decorrentes de trabalho em horário suplementar, da jornada que exaure o ser humano, impossibilitando-o de usufruir dos demais aspectos da vida em sociedade"[(152)].

No mesmo sentido o pensamento de Débora Maria Ribeiro Neves, para quem: "Tão importante quanto a quantidade de horas efetivamente trabalhadas é a verificação das condições em que esse trabalho é prestado e a ausência de intervalos para descanso, o que causa exaurimento das forças física e mental de qualquer ser humano"[(153)].

A jurisprudência, tanto em matéria trabalhista como em matéria penal, tem reconhecido a ilicitude do trabalho em condições de exaurir o trabalhador, e não somente na hipótese mais conhecida, que é o corte da cana-de-açúcar.

Exemplo da primeira hipótese, decisão da Justiça do Trabalho, e em relação ao trabalho dos motoristas, pode ser visto em acórdão da 11ª Câmara, 6ª Turma, do TRT da 15ª Região, e que tem como ementa o seguinte:

> MOTORISTA. ACIDENTE DE TRÂNSITO. MORTE DO EMPREGADO. CUMPRIMENTO DE JORNADA, COMUMENTE, SUPERIOR A 10 (DEZ) HORAS DIÁRIAS. TRABALHO EXAUSTIVO. ILICITUDE DECORRENTE DE FLAGRANTE DESCUMPRIMENTO DE MEDIDAS DE HIGIENE, SAÚDE E SEGURANÇA DO TRABALHO, GARANTIDAS POR NORMA DE ORDEM PÚBLICA (ART. 59, *CAPUT*, DA CLT). CULPA DO EMPREGADOR CARACTERIZADA. DEVER DE INDENIZAR. A exigência de cumprimento de jornada exaustiva, caracterizada pelo labor frequente acima de 10 (dez) horas diárias, configura ato ilícito, por violação ao *caput* do art. 59 da CLT, concluindo-se pela culpa do empregador pela morte do empregado consequente de acidente de trânsito, não comprovada nenhuma excludente de responsabilidade, *verbi gratia*, a culpa exclusiva da vítima, gerando, assim, o dever de indenizar.[(154)]

---

(152) Escravidão contemporânea; o Ministério Público do Trabalho e o combate ao trabalho escravo. *In:* SENA, Adriana Goulart de e outras (coords.). *Dignidade humana e inclusão social*: caminhos para a efetividade do direito do trabalho no Brasil. São Paulo: LTr, 2010. p. 280.

(153) *Trabalho escravo e aliciamento*. São Paulo: LTr, 2012. p. 51.

(154) Processo TRT 15ª Região n. 0022900-04.2007.5.15.0126. Recurso ordinário. Relator: Juiz João Batista da Silva. Disponível em: www.trt15.jus.br. Acesso em: 5 fev. 2014.

Outro exemplo, agora em matéria penal, envolve a já conhecida exploração de estrangeiros, especialmente bolivianos em oficinas têxteis em SP, e combina diversos modos de execução, entre eles a jornada exaustiva. A ementa é a seguinte:

> PENAL E PROCESSO PENAL. APELAÇÃO CRIMINAL. INTRODUÇÃO CLANDESTINA DE ESTRANGEIRO, REDUÇÃO À CONDIÇÃO ANÁLOGA À DE ESCRAVO E EXTORSÃO MEDIANTE SEQUESTRO. ARTS. 125, XII, DA LEI N. 6.815/80, E ARTS. 149 E 159, § 1º, DO CÓDIGO PENAL. MATERIALIDADE E AUTORIA DELITIVA COMPROVADAS. VERACIDADE DAS DECLARAÇÕES NO INQUÉRITO POLICIAL QUE NÃO SE AFASTA PELA RETRATAÇÃO EM JUÍZO. REDUÇÃO À CONDIÇÃO ANÁLOGA À DE ESCRAVO. SUBMISSÃO À JORNADA EXAUSTIVA E A CONDIÇÕES DEGRADANTES DE TRABALHO. EXTORSÃO MEDIANTE SEQUESTRO CONTRA MENOR DE DEZOITO ANOS. DOSIMETRIA DA PENA. MOTIVO TORPE CONSISTENTE NA FINALIDADE DE LUCRO. APELAÇÃO DA DEFESA A QUE SE NEGA PROVIMENTO. APELAÇÃO DO MINISTÉRIO PÚBLICO FEDERAL A QUE SE DÁ PROVIMENTO.
>
> 1. As vítimas, em sede policial, afirmaram que foram trazidas da Bolívia ao Brasil pelo réu. A retratação de algumas em juízo decorre, naturalmente, do temor que sentiam em relação ao réu, que as mantinha cativas em sua oficina. Configurado o delito previsto no art. 125, XII, da Lei n. 6.815/80 (introdução clandestina de estrangeiro).
>
> 2. Restou demonstrado que o réu submetia as vítimas a jornada exaustiva e a condições degradantes de trabalho, e restringia a sua liberdade de locomoção, em razão de dívidas contraídas e mediante a retenção de seus documentos pessoais. Configurado o delito previsto no art. 149, § 1º, inciso I, do Código Penal (redução à condição análoga à de escravo).
>
> 3. Dentre as pessoas que o réu subjugava, estavam dois adolescentes. Presente a causa de aumento prevista no § 2º, inciso I, do art. 149 do Código Penal.
>
> 4. Restou demonstrado que o réu cometeu o delito de extorsão mediante sequestro contra pessoa menor de 18 (dezoito) anos, diante das declarações da vítima e de testemunhas, e do reconhecimento fotográfico. Configurado o delito previsto no art. 159, § 1º, do Código Penal.
>
> 5. Quanto ao delito previsto no art. 125, XII, da Lei n. 6.815/80, fixada a pena-base em 2 (dois) anos de detenção, em razão do alto grau de reprovabilidade da conduta, e das diversas etapas para o cometimento do delito.
>
> 6. Reconhecimento da circunstância agravante do motivo torpe, dado que o réu trazia as vítimas para o país com a finalidade de lucro e com o prévio desiderato de subjugá-las em território estrangeiro. Aumento da pena privativa de liberdade para 2 (dois) anos e 8 (oito) meses de detenção.
>
> 7. Reconhecimento do concurso material de crimes. Somatória das penas que resulta em 21 (vinte e um) anos e 4 (quatro) meses de detenção.
>
> 8. Quanto ao delito previsto no art. 149 do Código Penal, mantida a quantidade de pena nos termos da r. sentença, isto é, em 3 (três) anos de reclusão e 15 (quinze) dias-multa.
>
> 9. Quanto ao delito previsto no art. 159, § 1º, do Código Penal, fixada a pena-base em 15 (quinze) anos de reclusão, ante o alto grau de reprovabilidade da conduta do réu e do dolo intenso.
>
> 10. Reconhecimento da circunstância agravante do motivo torpe, dado que o réu sequestrou a vítima não apenas com a finalidade de obter lucro, mas também o de intimidar os outros que subjugava. Aumento da pena privativa de liberdade para 20 (vinte) anos de reclusão.

11. Somatória das penas aplicadas para cada delito, tornando-se definitiva em 23 (vinte e três) anos de reclusão e 21 (vinte e um) anos e 4 (quatro) meses de detenção, em regime inicial fechado.

12. Insubsistência da substituição por penas restritivas de direitos com relação ao delito de redução à condição análoga à de escravo, como a r. sentença determinara, em vista da quantidade de pena aplicada.

13. Apelação da defesa a que se nega provimento, e apelação do Ministério Público Federal a que se dá provimento.(155)

Importante observar, no caso dos trabalhadores bolivianos, que a jornada exaustiva ocorre pelas mesmas razões relatadas em relação ao corte da cana: o trabalho por produção, ou, como se denomina genericamente no Direito do Trabalho, o trabalho por *unidade de obra*, em que a remuneração do trabalho é dependente do que ele efetivamente produz.

É o que se observa do relatado por Cristiane Maria Sbalqueiro Lopes a respeito do trabalho deste grupo de pessoas nas oficinas de costura em São Paulo:

> O trabalho é remunerado por peça produzida, e esse sistema de remuneração induz à prática de horas extras em quantidade acima dos limites toleráveis para a preservação da saúde humana. Ademais, o valor pago por peça produzida impõe a realização de imensas jornadas de trabalho para que o salário permita alguma economia.(156)

Essa descrição, que guarda muita semelhança com o que ocorre no corte da cana e em outras atividades em que se exige produtividade intensa para "compensar" o baixo valor pago pelo que é produzido, demonstra claramente o que foi visto no capítulo anterior a respeito da liberdade pessoal que é violada, sempre, no caso do crime de redução da pessoa à condição análoga à de escravo, pois, trabalhar cada vez mais, para ganhar o mínimo necessário, às vezes um pouco além, não é uma escolha dos trabalhadores que esteja baseada no que é certo, ou o melhor para cada um deles, e sim, exclusivamente, pela contingência de ter de fazer algo para, simplesmente, sobreviver.

Por fim, cabe registrar que a jornada exaustiva, para fins da fiscalização do trabalho, conforme o art. 3º, § 1º, letra "b", da Instrução Normativa n. 91, de 5 de outubro de 2011, da Secretaria de Inspeção do Trabalho, é definida como "toda jornada de trabalho

---

(155) Tribunal Regional Federal (TRF) da 3ª Região. 2ª Turma. Processo: 0000022-42.2008.4.03.6181. UF: SP. Classe: ACR — Apelação Criminal — 35786. Relator: Desembargador Federal Henrique Herkenhoff. Julgamento em 4.8.2009. Publicado no e-DJF3 Judicial 1, em 1º.10.2009, p. 265. Disponível em: www.trtf3.jus.br. Acesso em: 5 fev. 2014.

(156) *Direito de imigração*: o estatuto do estrangeiro em uma perspectiva de direitos humanos. Porto Alegre: Núria Fabris, 2009. p. 415.

de natureza física ou mental que, por sua extensão ou intensidade, cause esgotamento das capacidades corpóreas e produtivas da pessoa do trabalhador, ainda que transitória e temporalmente, acarretando, em consequência, riscos a sua segurança e/ou a sua saúde".

Feitas essas considerações, é possível, então, em relação à jornada exaustiva, realizar sua caracterização a partir de três elementos: 1. A existência de uma relação de trabalho; 2. O estabelecimento de uma jornada, excessiva ou não nos termos da lei, mas que cause prejuízos à vida ou à saúde física e mental do trabalhador, exaurindo-o; 3. A imposição dessa jornada, contra a vontade do trabalhador, ou com a anulação de sua vontade, por qualquer circunstância que assim o determine[(157)].

Unidas essas características, tem-se a seguinte definição: jornada de trabalho imposta a alguém por outrem em relação de trabalho, obedecendo ou não aos limites legais extraordinários estabelecidos na legislação de regência, desde que o trabalho cause prejuízos à vida ou à saúde física e mental do trabalhador, exaurindo-o, e decorrente de uma situação de sujeição que se estabelece entre ambos, de maneira forçada ou por circunstâncias que anulem a vontade do primeiro[(158)].

IV.1.1.3. Condições degradantes de trabalho

As condições degradantes de trabalho, ou, como se denomina mais comumente, o trabalho em condições degradantes, são de longe o modo de execução que mais trabalho tem dado para a doutrina e para a jurisprudência, assim como o que mais suscita dúvidas nas inspeções que são realizadas.

Para compreender esse modo, o esforço há de ser maior. É que não há uma situação única, como, por exemplo, no caso da jornada exaustiva.

Verifico primeiro o que dizem os autores a respeito.

---

(157) Essa questão da vontade foi esclarecida no capítulo anterior, quando foi indicada a liberdade como bem jurídico tutelado pelo art. 149 do Código Penal. Para ficar mais claro, apresento dois exemplos em que a vontade é anulada, construídos a partir de situações reais descritas neste item, e que às vezes vêm juntas: primeiro exemplo — o trabalhador é orientado de que, só com o trabalho na jornada estabelecida será capaz de produzir o suficiente para custear suas despesas e ainda receber algo a título de remuneração, pois o valor pago por produção é muito baixo, como acontece, quase sempre, no corte da cana-de-açúcar e, também, no caso dos trabalhadores bolivianos na "indústria" de confecção em São Paulo; segundo exemplo — o trabalhador é levado a acreditar que, pela relação estabelecida, o tomador dos serviços "tem direito" de exigir a jornada, além até do extraordinário previsto em lei, que ele rigorosamente desconhece, e em condições extenuantes.

(158) Aqui registro que alterei, em parte, entendimento que vinha mantendo até então, que combinava excesso de jornada e prejuízos à saúde do trabalhador, ou trabalhava na perspectiva exclusiva da jornada em excesso (ver, por exemplo, em *Trabalho decente*. 3. ed. São Paulo: LTr, 2013. p. 77). É que, refletindo melhor, até por conta de situações fáticas, o que importa para a caracterização deste modo de execução é que a jornada seja capaz de exaurir o trabalhador, a partir de exigências que vão muito além do normal, e o que pode acontecer mesmo dentro de uma jornada que respeite os parâmetros legais, como acontece, por exemplo, no corte da cana, pelo contínuo aumento dos níveis de produtividade, não obstante o mais comum, até pelo que se verificou das decisões usadas neste item, seja o excesso de jornada.

Camargo de Melo, para descrever as condições degradantes de trabalho, relaciona, acertadamente, péssimas condições de trabalho e de remuneração com restrições à autodeterminação do trabalhador. Depois indica, a título de exemplo, algumas situações em que se verificam o trabalho degradante, como: a intermediação fraudulenta do trabalho; a submissão a condições precárias pela falta ou pelo inadequado fornecimento de boa alimentação e água potável; a existência de alojamentos sem condições mínimas; o não fornecimento dos instrumentos para o trabalho e dos equipamentos de proteção individual; o não cumprimento da legislação que rege o trabalho humano etc.[(159)].

Nucci, por sua vez, afirma que, para haver condições degradantes de trabalho "é preciso que o trabalhador seja submetido a um cenário humilhante de trabalho, mais compatível a um escravo do que a um ser humano livre e digno". Continua dizendo que é o bom senso que indicará, para a caracterização, o caminho a percorrer, podendo o juiz utilizar a legislação que rege o trabalho e fixa as condições mínimas[(160)].

Capez, por seu turno, fala no trabalho "em condições subumanas"[(161)], enquanto que Prado equipara condições degradantes a condições aviltantes[(162)].

Como se pode observar, desde agora, do que foi exposto pelos autores, e recuperando a ideia que foi exposta no capítulo anterior, quando discutidos os bens jurídicos tutelados pelo art. 149 do Código Penal, o que determina a ocorrência do trabalho em condições degradantes é o, como diz Prado, logo acima, aviltante tratamento dispensado aos trabalhadores, e que os desumaniza, ou seja, que os assemelha a uma coisa, um bem.

Isso nem sempre é suficiente para uma jurisprudência positiva. Verifique-se, por exemplo, a decisão abaixo:

> DANO MORAL COLETIVO. TRABALHO EM CONDIÇÕES DEGRADANTES. CARACTERIZAÇÃO. Afigura-se perfeitamente possível a ocorrência de dano moral coletivo proveniente de perversas relações de trabalho, quando em detrimento da dignidade da pessoa humana e de sua liberdade, na hipótese de restar configurado o trabalho em condições análogas à escravidão, em razão de sua ampla repercussão perante a sociedade mundial e o transtorno social causado: "...se o trabalhador presta serviços exposto à falta de segurança e com riscos a sua saúde, temos o trabalho em condições degradantes. Se as condições de trabalho mais básicas são negadas ao trabalhador, como o direito de trabalhar em jornada razoável e que proteja sua saúde, garanta-lhe descanso e permita o convívio social, há trabalho em condições degradantes. Se, para prestar o trabalho, o

(159) MELO, Luis Antônio Camargo de. Premissas para um eficaz combate ao trabalho escravo. *Revista do Ministério Público do Trabalho*, São Paulo, LTr, n. 26, p. 15, set. 2003.

(160) NUCCI, Guilherme de Souza. *Código penal comentado*. 9. ed. São Paulo: Revista dos Tribunais, 2008. p. 691.

(161) CAPEZ, Fernando. *Curso de direito penal, 2*: parte especial. 9. ed. São Paulo: Saraiva, 2009. p. 346.

(162) PRADO, Luiz Regis. *Direito penal*: parte especial — arts. 121 a 196. 2. ed. São Paulo: Revista dos Tribunais, 2008. p. 64.

trabalhador tem limitações na sua alimentação, na sua higiene, e na sua moradia, caracteriza-se o trabalho em condições degradantes. Se o trabalhador não recebe o devido respeito que merece como ser humano, sendo, por exemplo, assediado moral ou sexualmente, existe trabalho em condições degradantes" (BRITO FILHO, José Cláudio Monteiro de. *Trabalho com redução do homem à condição análoga à de escravo e dignidade da pessoa humana*).[163]

O acórdão, lido apenas pela ementa, aparentemente indica uma decisão favorável, mas, isso ocorreu somente em parte. Embora tenha havido a condenação em dano moral coletivo, pelas péssimas condições de trabalho, o que caracteriza o trabalho em condições degradantes, tendo havido até citação de texto por mim publicado, em que isso é dito de forma expressa[164], não implicou esta decisão reconhecimento de haver trabalho em condições análogas à de escravo, uma vez que a Turma, por maioria, não chancelou esse entendimento.

Esta decisão, a propósito, é divergente de outra, envolvendo o mesmo réu, proferida pelo Supremo Tribunal Federal, e onde a decisão da 2ª Turma do Tribunal Regional do Trabalho da 8ª Região foi até utilizada na tentativa de impedir o recebimento de denúncia do Procurador-Geral da República pelo crime de submeter trabalhadores à condição análoga à de escravos.

Nesse feito, o Inquérito n. 2.131, Distrito Federal, em que foi Relatora a Ministra Ellen Gracie, e Redator Designado o Ministro Luiz Fux, reconheceu-se a possibilidade de haver trabalho escravo pela imposição, aos trabalhadores, de condições degradantes de trabalho.

A ementa do acórdão assim dispõe:

EMENTA: INQUÉRITO. DENÚNCIA. ALICIAMENTO DE TRABALHADORES (ART. 207, § 1º, CP). FRUSTRAÇÃO DE DIREITO ASSEGURADO PELA LEGISLAÇÃO TRABALHISTA MAJORADO (ART. 203, § 1º, I, E § 2º, CP). REDUÇÃO À CONDIÇÃO ANÁLOGA À DE ESCRAVO (ART. 149). INDEPENDÊNCIA DE INSTÂNCIAS. JUÍZO DE PROBABILIDADE CONFIGURADO. DENÚNCIA RECEBIDA.

1. O art. 395 do CPP só permite a rejeição da denúncia quando for manifestamente inepta, faltar pressuposto processual ou condição para o exercício da ação penal, ou, ainda, faltar justa causa para o exercício da ação penal, situações que não se configuram na hipótese.

(163) Tribunal Regional do Trabalho da 8ª Região, 2ª Turma. Acórdão TRT 2ª T./RO 00611-2004-118-08-00-2. Recorrente: João Batista de Jesus Ribeiro. Recorrido: Ministério Público do Trabalho da 8ª Região. Julgamento em 14 de dezembro de 2005. Prolator: Desembargador Herbert Tadeu Pereira de Matos. Disponível em: www.trt8.jus.br. Acesso em: 5 mar. 2014.

(164) Trabalho com redução à condição análoga à de escravo: análise a partir do trabalho decente e de seu fundamento, a dignidade da pessoa humana. *In:* VELLOSO, Gabriel; FAVA, Marcos Neves. *Trabalho escravo contemporâneo*: o desafio de superar a negação. São Paulo: LTr, 2006. p. 132-133.

2. A persecução penal relativa à suposta prática dos crimes previstos nos arts. 207, § 1º (aliciamento de trabalhadores), 203, § 1º, I, e § 2º (frustração de direito assegurado pela legislação trabalhista majorado), e 149 (redução à condição análoga à de escravo) do Código Penal, independe do prévio desfecho dos processos trabalhistas em curso, ante a independência de instâncias.

3. A orientação jurisprudencial relativa ao delito de sonegação tributária é inaplicável à situação, porquanto a redução ou supressão de tributo é elemento típico do crime do art. 1º da Lei n. 8.137/90, o mesmo não ocorrendo com relação aos delitos apontados na denúncia.

4. Os argumentos de fato suscitados pelo denunciado, como a temporariedade do vínculo de trabalho, a inexistência da servidão por dívida ou de qualquer coação, dentre outros, não merecem análise nesta sede de cognição sumária, que se limita a apurar a existência de justa causa, está configurada pelas inúmeras provas colhidas pelo Ministério Público Federal.

5. Os elementos de prova acostados à denúncia são capazes de conduzir a um juízo de probabilidade a respeito da ocorrência do fato típico, antijurídico e culpável, bem como de sua autoria.

6. Denúncia recebida.[165]

Mas, é do corpo do acórdão, no voto da Ministra Ellen Gracie que se verifica o entendimento de que o trabalho em condições degradantes configura trabalho escravo. O interessante, em parte dele, é que do acórdão consta trecho quase que idêntico ao do texto de minha autoria que foi utilizado na decisão do TRT da 8ª Região, embora, no Tribunal Trabalhista, sem o reconhecimento do trabalho escravo.

O trecho é o seguinte:

> Aproveito para reproduzir trecho de trabalho de doutrina acerca do tema (BRITO FILHO, José Cláudio Monteiro de. *Op. cit.*, p. 133): "Na verdade, como em muitos fenômenos que têm conceitos ditos 'abertos', às vezes é mais fácil dizer o que não é trabalho em condições degradantes do que o contrário. Seria simples, por exemplo, dizer que um trabalho, mesmo que exercido em condições duras, como o dos lavradores no campo, não seria considerado como em condições degradantes se os trabalhadores tivessem a adequada proteção para o seu exercício e os seus direitos trabalhistas resguardados; incluídos aí, jornada de trabalho normal, condições razoáveis de moradia, alimentação e higiene, e fossem respeitados. Também é fácil definir trabalho em condições degradantes quando se utiliza, ainda negativamente, o princípio que fixa o mínimo de direitos do homem-trabalhador: a dignidade humana. Nesses termos, considera-se trabalho em condições degradantes aquele em que não são respeitados os direitos mínimos para o resguardo da dignidade do trabalhador. (...) é aquele em que há falta de condições mínimas de trabalho, de moradia, higiene, respeito e alimentação, tudo devendo ser garantido — o que deve ser esclarecido, embora

(165) As partes são: Autor: Ministério Público Federal; Investigado: João Batista de Jesus Ribeiro ou João Ribeiro. Julgamento concluído em 23.12.2012, p. 1-2 do acórdão em seu inteiro teor.

pareça claro — em conjunto; ou seja, em contrário, a falta de um desses elementos impõe o reconhecimento do trabalho em condições degradantes. Assim, se o trabalhador presta serviços exposto à falta de segurança e com riscos à sua saúde, temos o trabalho em condições degradantes. Se as condições de trabalho mais básicas são negadas ao trabalhador, como o direito de trabalhar em jornada razoável e que proteja sua saúde, garanta-lhe descanso e permita o convívio social, há trabalho em condições degradantes. Se, para prestar o trabalho, o trabalhador tem limitações na sua alimentação, na sua higiene, e na sua moradia, caracteriza-se o trabalho em condições degradantes".(166)

O que motiva isso? Seguramente não é, como se poderia esperar, análises qualitativamente diversas do que são condições degradantes de trabalho a ensejar o reconhecimento de que há um ilícito penal, de um lado, e, de outro, violações de preceitos trabalhistas que configuram normas de proteção dos trabalhadores, mas sem que seus direitos fundamentais sejam ofendidos, o que se pode esperar, nos casos concretos.

Não, o que motiva decisões divergentes a respeito dos mesmos fatos — nesse caso exatamente os mesmos fatos —, é a recusa de alguns órgãos julgadores em reconhecer o trabalho escravo fora da situação em que há privação da liberdade de ir e vir, o que não está em questão neste modo de execução, não obstante em algumas situações fáticas seja comum haver mais de um modo de execução presente para a caracterização do crime de reduzir alguém à condição análoga à de escravo, como, por exemplo, trabalho forçado mais condições degradantes de trabalho, ou condições degradantes de trabalho mais restrição de locomoção por dívida contraída, sendo essa última situação, a propósito, repetindo o que disse no início do capítulo, bem frequente nas ocorrências de trabalho escravo no meio rural.

Exemplo desse entendimento dissonante pode ser encontrado no próprio Supremo Tribunal Federal e no acórdão que se aqui está analisando, o Inquérito n. 2.131, Distrito Federal.

Nele, depois de pedido de vistas, proferiu voto divergente — tendo ficado vencido — o Ministro Gilmar Mendes que, de forma expressa, consignou o entendimento de que somente se houver cerceamento da liberdade de ir e vir, em qualquer dos modos de execução e não somente naqueles em que isto é evidenciado de forma clara no art. 149 do Código Penal, poder-se-á falar em trabalho em condições análogas à de escravo.

Disse o Ministro Gilmar Mendes:

> A inclusão no tipo penal das condutas de impor jornada exaustiva, trabalhos forçados ou condições degradantes de trabalho deve ser compreendida como apta a considerá-las meios de se reduzir alguém à condição similar à de escravo, restringindo, portanto, seu direito de ir e vir.

---

(166) As partes são: Autor: Ministério Público Federal; Investigado: João Batista de Jesus Ribeiro ou João Ribeiro. Julgamento concluído em 23.12.2012, p. 19-20 do acórdão em seu inteiro teor.

> Não parece ser a melhor exegese do art. 149 o reconhecimento da existência do crime de "*redução à condição análoga à de escravo*" quando a conduta cingir-se à agressão às condições dignas de trabalho, às ofensas aos direitos trabalhistas, ainda que relacionados à jornada de trabalho ou à quantidade de esforço, sem que haja a correspondente diminuição do direito de ir e vir do empregado.
>
> Só haverá conduta típica se a imposição de trabalhos forçados estiver ocorrendo em regime de cerceamento de liberdade que autorize o raciocínio de que o regime é similar ao de escravidão.
>
> Da mesma maneira, as condições degradantes, para serem punidas com base no art. 149, devem estar sendo impostas ao escravo ou ao sujeito passivo submetido a regime que se assemelha à escravidão.
>
> Igualmente, a jornada excessiva punível pelo citado artigo não é aquela fixada em qualquer relação de trabalho, mas aquela firmada na submissão de alguém a outrem, com mitigação ou cessação absoluta de sua liberdade de ir e vir.(167)

Isso foi dito, também, de forma expressa, pelo Ministro Marco Aurélio, em voto (vencido) no Inquérito n. 3.412, Alagoas, como já foi registrado no Capítulo anterior, no item 3(168).

Para os indicados ministros, somente se configura o trabalho em condições análogas à de escravo se, juntamente com determinado modo de execução, estiver presente o primeiro, que é o trabalho forçado, em que a liberdade de locomoção do trabalhador, de alguma forma, é cerceada, ou o quarto modo, restrição de locomoção em razão de dívida contraída, pela mesma razão.

Ora, os modos são independentes entre si, bastando um deles para que se configure o trabalho em condições análogas à de escravo, como já foi, penso, claramente explicado.

Essa é a linha que prevaleceu na Instrução Normativa n. 91/2011, da Secretaria de Inspeção do Trabalho, e que, no art. 3º, § 1º, letra "c", identifica as condições degradantes de trabalho como "todas as formas de desrespeito à dignidade humana pelo descumprimento aos direitos fundamentais da pessoa do trabalhador, notadamente em matéria de segurança e saúde e que, em virtude do trabalho, venha a ser tratada pelo empregador, por preposto ou mesmo por terceiros, como coisa e não como pessoa".

Note-se na definição, a propósito, a clara inspiração nas noções kantianas a respeito da dignidade humana, o principal bem jurídico tutelado pelo art. 149, como sustentei no Capítulo III.

---

(167) As partes são: Autor: Ministério Público Federal; Investigado: João Batista de Jesus Ribeiro ou João Ribeiro. Julgamento concluído em 23.12.2012, p. 64-65 do acórdão em seu inteiro teor.

(168) Inquérito n. 3.412, Alagoas. Relator: Min. Marco Aurélio. Redatora do Acórdão: Min. Rosa Weber. Autor: Ministério Público Federal. Investigados: João José Pereira de Lyra e Antônio José Pereira de Lyra. Julgamento em 29.3.2012, p. 9 do acórdão em seu inteiro teor.

Feito esse panorama, pode-se caracterizar as condições degradantes de trabalho com base em três elementos: 1) a existência de relação de trabalho; 2) a negação das condições mínimas de trabalho, a ponto de equiparar o trabalhador a uma coisa ou a um bem; 3) a imposição dessas condições contra a vontade do trabalhador, ou com a anulação sua vontade, por qualquer circunstância que assim o determine[(169)].

A respeito dessas características, importante observar:

Primeiro, a obrigatória existência de uma relação de trabalho — caracterizada pela prática de um ato ilícito, mas ainda assim uma relação de trabalho — é um elemento da identificação do ilícito penal em qualquer situação, como exposto no Capítulo III.

Segundo, a negação das condições mínimas de trabalho está relacionada à violação do bem jurídico dignidade da pessoa humana, também explicado no capítulo precedente, e na perspectiva definida por Kant. Assim, não é qualquer ilicitude trabalhista que caracterizará o trabalho em condições degradantes, mas aquele trabalho em que se possa vislumbrar a instrumentalização do ser humano.

Irregularidades trabalhistas, condenáveis sob esse aspecto, mas que não sejam suficientes para equiparar o ser humano a um bem, não serão suficientes para caracterizar o trabalho em condições degradantes sob a ótica penal.

Não há, todavia, uma lista de violações que possa indicar quando há ou não a presença das condições degradantes. É o conjunto de violações, e o que isso produz em termos de ofensa à dignidade da pessoa humana que levará ou não à instrumentalização do ser humano e, por conseguinte, ao ilícito penal[(170)].

---

(169) Um exemplo concreto e que, no Ministério Público do Trabalho, tantos de nós presenciamos: o trabalhador que é encontrado prestando serviços em fazenda de forma subordinada, mas, sem CTPS assinada, sem receber salários, sem direito a repouso, diário e semanal; dormindo em barracas de lona, com alimentação escassa e precária, e servindo-se de água — a mesma água — imprópria para suas atividades normais, como beber, tomar banho, lavar seus objetos e utensílios etc., e o que é pior, sem ter como deixar o trabalho, pois fora da fazenda não há trabalho, não há nada, totalmente excluído que é — desse nada, vale ressaltar, é que se vale o tomador dos serviços para reduzi-lo à condição análoga à de escravo, negando sua dignidade.

(170) Talvez seja possível dizer todavia que, a falta de condições mínimas de saúde e segurança, além de condições de habitabilidade, quando é o caso, são recorrentes em boa parte dos casos em que se reconheceram as condições degradantes de trabalho. Veja-se, a propósito, a Súmula n. 36, do Tribunal Regional do Trabalho da 8ª Região: TRABALHO FORÇADO, DEGRADANTE OU EM CONDIÇÕES ANÁLOGAS À DE ESCRAVO. RESPONSABILIDADE CIVIL. DANO MORAL *IN RE IPSA*. I – Entende-se por trabalho forçado aquele executado por uma pessoa sob ameaça de punição de qualquer natureza e para a qual essa pessoa não se ofereça voluntariamente (art. 2º, 1, da Convenção n. 29 da OIT). O trabalho degradante é aquele executado em condições inteiramente inadequadas ao trabalho, sem observância de quaisquer normas de segurança, medicina, saúde e higiene do trabalho. Considera-se trabalho em condições análogas à de escravo o que submete o trabalhador a trabalho forçado, jornada extenuante, condições degradantes, restrições de locomoção, privação de seus documentos (art. 129 do Código Penal). II – Em ficando demonstrada a ocorrência de qualquer das três hipóteses, considera-se

É o que se pode constatar, por exemplo, da decisão abaixo, que considerou a existência do ilícito a partir de uma combinação entre as péssimas condições de vida, a partir do que era fornecido pelo tomador de serviços, com as condições de trabalho, também concedidas abaixo do que era necessário, especialmente para a preservação da saúde do trabalhador.

A ementa da decisão é a seguinte:

> DANO MORAL. CONFIGURAÇÃO. Faz jus o trabalhador à indenização por dano moral quando demonstrado, nos autos, ter sofrido lesão em seus direitos personalíssimos, como a honra e a dignidade, por ato do empregador que lhe submetia a condições de trabalho indignas e degradantes, inclusive com possíveis prejuízos à saúde do homem-trabalhador, podendo a conduta do empregador, inclusive, ser tipificada como ilícito criminal, nos termos do art. 149 do Código Penal.(171)

É do corpo do voto, todavia, que se verifica a combinação de violações nas condições de vida e de trabalho por mim aludida. Consta da página 11 do acórdão já indicado:

> Restou comprovado nos autos, pelo depoimento da primeira testemunha ouvida, que o reclamante residiu em um barraco cedido pela reclamada por mais ou menos trinta dias, o qual alagava frequentemente.
>
> Da mesma forma, restou demonstrado que os trabalhadores eram obrigados a tomar água do córrego, pois o empregador não oferecia água potável para o consumo.
>
> Além disso, não foram fornecidas máscaras, luvas, botinas ou outros equipamentos de segurança, sendo importante ressaltar que o autor trabalhava manuseando venenos, fato que teria lhe causado problemas de saúde.

Já a imposição dessas condições contra a vontade do trabalhador significa a violação da liberdade deste, também pela ótica da doutrina de Kant, caracterizando o que se pode denominar de domínio extremado, e que, como visto, como já dito no Capítulo III, no item que trata dos bens jurídicos penais, atenta contra a liberdade do trabalhador, impedindo-o de agir com autonomia para decidir fazer o que é certo.

---

caracterizada a violação ao princípio da dignidade humana e a ofensa aos direitos mínimos dos trabalhadores, cabendo a responsabilização do empregador por danos morais, independentemente de outras provas, porque ocorrem *in re ipsa*. III – Para fixação do valor da indenização devem ser levados em conta, dentre outros, os seguintes fatores: gravidade e extensão do dano, condição financeira do ofensor e do ofendido, e finalidade pedagógica da punição para evitar a reincidência da prática delituosa (Aprovada por meio da Resolução n. 030/2016, em sessão do dia 9 de maio de 2016. Disponível em: www.trt8.jus.br. Acesso em: 27 jul. 2016).

(171) TRT 8ª Região — 4ª Turma. Acórdão no Processo RO n. 01234-2004-118-08-00-9. Relatora: Desembargadora Alda Maria de Pinho Couto. Julgamento em 28.6.2005.

Definidos os elementos, pode-se oferecer definição de condições degradantes de trabalho. Não o farei sob a forma negativa, nem também de forma analítica, exatamente para evitar que, em caso concreto, a presença dessa ou daquela condição de trabalho sirva para impedir o que deve ser caracterizado como trabalho em condições degradantes, como já explicado linhas atrás.

Na verdade, quando me refiro a direitos mínimos, leia-se não todo o conjunto de condições de trabalho, mas sim parte significativa das condições previstas em lei, desde que a falta dessa parte seja suficiente para caracterizar o que os autores chamam de péssimas condições, condições humilhantes, condições subumanas, condições aviltantes, como vimos acima.

Dito isso, condições degradantes de trabalho devem ser definidas como: condições impostas pelo tomador de serviços que, em relação de trabalho em que o prestador de serviços tem sua vontade cerceada ou anulada, com prejuízos à sua liberdade, resultam concretamente na negação de parte significativa dos direitos mínimos previstos na legislação vigente, desde que isto signifique a instrumentalização do trabalhador.

Oferecida essa definição de condições degradantes de trabalho, gostaria de, antecipando críticas, concluir dizendo que de fato, ainda pode pairar algum tipo de incerteza, pois, à impossibilidade de oferecer uma definição que liste todas as condições de trabalho que devem ser negadas, pela razão já exposta, a identificação ainda dependerá, como diz Nucci, citado mais atrás, do bom senso do intérprete.

Essa incerteza, todavia, acredito, desaparece ou é ao menos significativamente amenizada quando, ao lado das definições, agregam-se os elementos caracterizadores dessa hipótese de redução da pessoa à condição análoga à de escravo, pois esses elementos são concretos e suficientes para a tipificação.

De qualquer sorte, como afirma Denise Pasello Valente, "é recomendável que a expressão 'degradante' não receba uma moldura rigorosa. A análise do que seja, ou não, condição degradante de trabalho, deverá ser feita, caso a caso, levando-se em consideração todos os elementos presentes no caso em exame..."(172).

Para que não fique a questão tão em aberto, todavia, é possível dizer, de certa forma repetindo o que já disse acima, e também no Capítulo II, nos itens 2 e 3, que a análise deve começar com os direitos básicos dos trabalhadores, e que configuram o que se denomina de trabalho decente.

IV.1.1.4. Restrição de locomoção por dívida contraída

O quarto e último modo típico de execução é a restrição à locomoção do trabalhador, por qualquer meio, em razão de dívida contraída com o empregador ou preposto.

---

(172) *Tráfico de pessoas para exploração do trabalho*. São Paulo: LTr, 2012. p. 65-66.

Esse modo, junto com o trabalho em condições degradantes, já foi o modo de execução do trabalho escravo mais facilmente encontrado nas atividades rurais na Amazônia Oriental, especialmente no sul e sudeste do Pará, e norte do Mato Grosso. Hoje, com maior repressão, apresenta-se de forma cada vez mais camuflada, não sendo tão simples, nos empreendimentos que são inspecionados, encontrar visíveis os elementos que o comprovam, como a caderneta de débitos, por exemplo, e que até há pouco tempo revelavam que os trabalhadores são compelidos não só a adquirir produtos pessoais e para alimentação, mas, rotineiramente, até os instrumentos de trabalho, como foice, enxada e outros, como se fosse deles a responsabilidade por algo que deve ser fornecido pelo tomador dos serviços.

O fato de ser prática comum, a propósito, é o que deve ter levado Júlia de Paula a afirmar que: "pode-se dizer que a escravização sob pretexto de dívida é a forma mais intensa de exploração dos trabalhadores nas unidades produtivas agrárias que beneficiam grandes empresas capitalistas"(173).

Essa prática ilícita também é conhecida, ou melhor, é mais conhecida como servidão por dívida.

Esta, a chamada servidão por dívida, é definida na Convenção Suplementar Relativa à Abolição da Escravatura, do Tráfico de Escravos e das Instituições e Práticas Análogas à Escravatura, de 1956, da Organização das Nações Unidas(174), como:

> [...] o estado ou a condição resultante do fato de que um devedor se haja comprometido a fornecer, em garantia de uma dívida, seus serviços pessoais ou os de alguém sobre o qual tenha autoridade, se o valor desses serviços não for equitativamente avaliado no ato da liquidação de dívida ou se a duração desses serviços não for limitada nem sua natureza definida (art. 1º, letra "a").

Talvez por isso seja comum explicar esse meio de execução fazendo analogia com o modelo de servidão próprio do feudalismo, no período da Idade Média(175).

Não creio que seja preciso ir tão longe, buscando modelo que não se ajusta de forma precisa ao meio de execução em discussão. Na verdade, o meio reflete a necessidade de repressão a comportamento comum na Amazônia, e que vem desde os Ciclos da Borracha, sendo consequência do que se conhece como "aviamento" ou "sistema de aviamento", na parte em que esse sistema ditava a relação entre seringalistas e seringueiros.

---

(173) Escravização por dívida: um estudo das formas de exploração da força de trabalho no Brasil. *In:* SANTOS, Cleusa e outros (orgs.). *Estados da plebe no capitalismo contemporâneo*. São Paulo: Outras Expressões, 2013. p. 52.

(174) Já discutida no Capítulo II, item 3.

(175) E que se aproxima mais da hipótese definida no art. 1º, letra "b", da Convenção mencionada.

Não só na Amazônia e em razão do aviamento, é importante ressaltar, pois, conforme Neide Esterci, ainda no período da escravidão isso ocorreu no colonato, no Sudeste, nas fazendas de café, e na morada, no Nordeste, nos engenhos de açúcar[176]. A isso faz coro Júlia de Paula, que afirma: "Pode-se encontrar em diversas unidades produtivas e em diferentes períodos históricos o trabalho caracterizado como assalariado e o endividamento como forma de retenção ao local de trabalho"[177].

Conforme Esterci, isso continua depois de encerrada a escravidão no Brasil, também, em diversos pontos do território nacional.

Apresenta essa autora, então, um exemplo anterior ao fim da escravidão legalizada no país: em São Paulo, nas fazendas de café, narra as agruras de colonos de origem suíça, em 1850, que são trazidos para trabalhar em fazenda, e terminam por ser escravizados em razão de dívida.

Da rica narrativa extraio um trecho que, parece-me, desvenda bem os mecanismos próprios do modo de execução que estou tratando, pois, abstraída a situação particular de serem colonos vindos da Suíça, revela elementos que estão sempre presentes:

> Para começar, os itens relativos à dívida eram os adiantamentos feitos ainda nos locais de recrutamento e as despesas de viagem — transporte e alimentação. Acrescentavam-se "comissões" por pessoa conforme a idade dos membros das famílias; vinham depois as despesas de fornecimento, a preços como sempre superfaturados, e os aluguéis de casa. Mas, de acordo com a denúncia de Davatz, a firma Vergueiro se dava também a prerrogativa de cobrar juros sobre os adiantamentos feitos aos colonos pelos governos de seus cantões de origem, deles se apropriando, mesmo quando esses governos locais desistiam em prol dos migrantes (DAVATZ, p. 127). Como nos outros casos que conhecemos, os cálculos nunca eram claramente apresentados, e os senhores e seus prepostos jogavam com a força simbólica das respostas humilhantes e com o uso da língua desconhecida para inibir o poder de questionamento dos imigrantes e ocultar-lhes os cálculos. A conta então somava o tanto que o patrão quisesse mas, para construir uma imagem de lisura que calasse os reclamos dos colonos, os Vergueiro realizavam um grande ritual de acerto de contas.[178]

---

(176) A dívida que escraviza, na coletânea *Trabalho escravo no Brasil contemporâneo*. São Paulo: Loyola; Comissão Pastoral da Terra, Goiânia, 1999. p. 101.

(177) Escravização por dívida: um estudo das formas de exploração da força de trabalho no Brasil. *In:* SANTOS, Cleusa e outros (orgs.). *Estados da plebe no capitalismo contemporâneo*. São Paulo: Outras Expressões, 2013. p. 58.

(178) A dívida que escraviza, na coletânea *Trabalho escravo no Brasil contemporâneo*. São Paulo: Loyola; Comissão Pastoral da Terra, Goiânia, 1999. p. 104-107, estando a citação literal na p. 105.

O desdobramento dessa específica situação, ou seja, a que é apresentada acima por Esterci, a propósito, é narrado por José de Souza Martins, quando fala do regime de colonato nas fazendas de café. Diz o autor:

> A sujeição, como conteúdo da relação entre os fazendeiros de café e os imigrantes, produzida pelo controle dos débitos destes últimos, tornou-se um fator de tensão social. Em ao menos um caso essa tensão se transformou em conflito. Na Fazenda Ibicaba (Limeira, SP) teve início, nos anos 50[(179)], um experimento de colonização particular conduzido por Vergueiro, senador do Império, liberal, grande empresário, advogado, inimigo do trabalho escravo. Entretanto, o tratamento que os colonos suíços receberam na sua fazenda provocou uma revolta sob a liderança de um mestre-escola de nome Davatz. Mais tarde, após retornar à Suíça, Davatz escreveria um livro sobre a revolta, o novo sistema de trabalho e as condições de vida nas fazendas. O principal resultado do livro seria desfavorável à emigração europeia para o Brasil. De fato, a crise da colonização particular decorreu da tentativa de subjugar o trabalhador pelo fazendeiro, sob uma modalidade de trabalho, também, de certo modo cativo, devido à perspectiva e entendimento de que o imigrante representava um montante de capital dispendido pelo patrão.[(180)]

Outro exemplo, agora logo após a abolição da escravatura, é o narrado por Maria das Graças Prado Fleury, a respeito da Lei n. 11, de 20 de junho de 1892, com vigência no Território de Goiás, e denominada Lei de Locação de Serviços, afirmando a autora que o mais grave de tudo o que continha à lei era a previsão de "dívida, livro de conta-corrente e de carta de declaração negativa de débitos, que estabeleciam o regime de escravidão por endividamento"[(181)].

Casos de servidão por dívida, então, são comuns no Brasil, antes e depois de abolida a escravidão. Poucos parecem tão atuais como os relativos aos Ciclos da Borracha.

Nele, a servidão por dívida era comum na relação entre seringueiros e seringalistas, sendo também chamada de "sistema de barracão", consistindo em um sistema de "financiamento compulsório" da atividade dos primeiros pelos últimos.

---

(179) No século XIX.

(180) *O cativeiro da terra*. São Paulo: Editora de Ciências Humanas, 1979. p. 123-124.

(181) *Relações de emprego no campo*: as diversas formas de contratação e a reestruturação produtiva. Dissertação defendida no Curso de Mestrado em Direito Agrário da Faculdade de Direito da Universidade Federal de Goiás. Goiânia, 2010. p. 62.

Os seringueiros, nesse sistema, eram obrigados a entregar o resultado de sua atividade aos seringalistas e, em contrapartida, obrigados, também, a adquirir todos os produtos necessários à atividade e à própria sobrevivência nos barracões dos últimos.

Ocorre que, como explica Violeta Refkalefsky Loureiro: "Os preços cobrados por esses artigos eram exorbitantes e os preços pagos pelas bolas de borracha muito baixos. No final, o seringueiro estava sempre devendo ao barracão"[(182)].

E o que impedia o seringueiro de, percebendo essa dívida perpétua, abandonar o trabalho? Como explica a mesma autora, o fato de que: "Os seringais eram cuidadosamente controlados por vigias armados, que atiravam naqueles que tentavam fugir deixando dívidas", além do fato de que os outros seringais só recebiam seringueiro que comprovasse estar quite com o dono do seringal anterior[(183)].

Segundo Samuel Benchimol, "Administrar um seringal era tarefa bastante difícil e complexa" e, entre as múltiplas funções dos seringalistas, uma delas era a de "justiçar" seringueiros fujões[(184)].

O seringueiro, então, no sistema do aviamento, pela "dívida" que não era capaz de pagar, e pelo fato de que, por esse motivo, não podia deixar o garimpo, era claramente pessoa reduzida à condição análoga à de escravo.

Como diz Márcio Souza, o seringueiro "[e]ra aparentemente livre, mas a estrutura concentracionária do seringal o levava a se tornar um escravo econômico e moral do patrão. Endividado, não conseguia mais escapar. Se tentava fuga, isto podia significar a morte ou castigos corporais rigorosos"[(185)].

Da mesma forma Roberto Santos, que explica que nos seringais havia guarda armada para impedir que os seringueiros "em débito" fugissem, colaborando a polícia oficial com essa prática, remetendo de volta os que capturasse. Ensina ainda que a contabilidade nas relações entre as partes era controlada pelo seringalista, que "detinha a possibilidade de fazer os números dançarem ao compasso de seus interesses"[(186)].

De sua banda, relatou Nelson Hungria, em 1958:

> Devemos, entretanto, invocar aqui o testemunho do atual Governador do Pará, Magalhães Barata, que, de uma feita, em discurso que lhe ouvi, descreveu o

---

(182) *Amazônia*: estado, homem, natureza. 2. ed. Belém: Cejup, 2004. p. 38.

(183) A história social e econômica da Amazônia. *In: Estudos e problemas amazônicos*: história social e econômica e temas especiais. Belém: Instituto do Desenvolvimento Econômico-Social do Pará (IDESP), 1989. p. 19.

(184) *Amazônia* — formação social e cultural. Manaus: Valer; Universidade do Amazonas, 1999. p. 142-143.

(185) *O empate contra Chico Mendes*. São Paulo: Marco Zero, 1990. p. 48.

(186) *História econômica da Amazônia*: 1800-1920. São Paulo: T. A. Queiroz, 1980. p. 165-166.

feudo que ele encontrou instalado num município daquele Estado, para onde o chefe político local atraía retirantes das secas e criminosos foragidos e, a seguir, sob pretexto de se cobrar de adiantamentos de dinheiro ou gêneros fornecidos, ou sob a ameaça de denúncia e entrega às autoridades policiais, sujeitava-os, na lida dos seringais, à mais ferrenha e impiedosa escravidão de fato.(187)

Já José Carlos Aragão Silva afirma que:

> A vigilância permanente tinha como objetivo evitar a fuga de peões, manter a disciplina, assim como instaurar a sensação de constante controle sobre o empregado, como se ele se encontrasse numa fábrica do século XVIII, onde, do alto, os patrões vigiavam tudo, instalando a sensação de visão panóptica referida por Foucault (1989).
>
> Contudo, além dos "onipresentes pistoleiros" (SUTTON, 1994) existiam outros mecanismos mais eficientes que prendiam os trabalhadores de Presidente Dutra na Fazenda Santo Antônio do Indaiá, e que ainda continuam a aprisionar peões no sul do Pará. Trata-se das correntes invisíveis da dívida, as quais, no caso aqui estudado, haviam sido estabelecidas a partir do momento em que os peões receberam o "abono" do empreiteiro.(188)

Ocorre que esse último relato, praticamente idêntico aos anteriores, que são relativos aos Ciclos da Borracha, com o primeiro iniciando ainda no século XIX, é de situação vivida por trabalhadores maranhenses no final de 1990. Não é diferente do que foi vivenciado em outros locais, no Brasil, como visto mais acima.

Isso revela que o meio de execução que, no art. 149 do Código Penal, é denominado de "reduzir alguém à condição análoga à de escravo, [...] restringindo, por qualquer meio, sua locomoção em razão de dívida contraída com o empregador ou preposto" está claramente inspirado na necessidade de reprimir uma prática que é secular na Amazônia, tendo ocorrido também em outros locais do país; e que se traduz na retirada do direito do trabalhador de cessar o trabalho e deixar o local em que o serviço é prestado, somente pelo fato de ter contraído dívida com o tomador dos serviços, ou, como é bastante comum, com seus prepostos, com destaque para os "gatos"(189), desde o aliciamento.

---

(187) *Comentários ao Código Penal. Decreto-Lei n. 2.848, de 7 de dezembro de 1940*. 4. ed. Rio de Janeiro: Forense, 1958. p. 200. v. VI, arts. 137 a 154.

(188) Conversa bonita: o aliciamento e os caminhos que levam à escravidão por dívida. *In:* CERQUEIRA, Gelba Cavalcante de e outros (orgs.). *Trabalho escravo contemporâneo no Brasil*: contribuições críticas para sua análise e denúncia. Rio de Janeiro: UFRJ, 2008. p. 213.

(189) "Gato" deve ser entendido como o indivíduo que, a mando do tomador dos serviços, alicia os trabalhadores para o trabalho nas fazendas, sob sua direção ou não, e que é o responsável, via de regra,

A prática, já nefasta por si só, agrava-se pelo fato de que a "dívida", via de regra, é artificialmente criada, quer porque os valores cobrados dos trabalhadores estão muito acima do preço usual, quer porque o tomador dos serviços, que tem o risco da atividade, transfere parte desse risco cobrando dos trabalhadores até pelos instrumentos de trabalho, necessários à execução da atividade e, portanto, de inteira responsabilidade do primeiro.

Em relação a esse último aspecto, Ricardo Rezende Figueira narra a situação na qual trabalhadores, na fazenda Flor da Mata, no sul do Pará, em 1997, são levados pelo "gato" Fogoió e por peões armados a "fazer a cantina", ou seja, "adquirir a comida e os instrumentos de trabalho do próprio *gato*"(190).

Outro relato de cobrança até de equipamentos necessários ao trabalho é o que consta de ementa (somente a 2ª parte está transcrita, por ser a que aqui interessa) de decisão da 2ª Turma do Tribunal Superior do Trabalho, e em que fica claro ainda como servidão por dívida e trabalho em condições degradantes aparecem habitualmente combinados:

> DANO MORAL — TRABALHO EM CONDIÇÕES DEGRADANTES (violação aos arts. 5º, III, X, XLVII, da CF/88, 149, do CPP, 1º, *"a"* e *"b"*, da Convenção suplementar sobre a abolição da escravatura, do tráfego de escravos e das instituições e práticas análogas à escravatura, e divergência jurisprudencial). Constatado que os trabalhadores substituídos trabalhavam em condições precárias, sem garantia de direitos humanos mínimos, como acesso a água potável, alojamento ou instalações sanitárias adequadas, *havendo ainda endividamento dos empregados em decorrência de dívidas contraídas pelo sistema "barracão", no qual eram adquiridos, em estabelecimento localizado na propriedade investigada, diversos produtos, dentre os quais equipamentos de proteção e ferramentas utilizadas na prestação de serviços*, restou configurada a exploração de trabalho em condições degradantes, situação repudiada pela sociedade e veementemente combatida pelo Estado, cujo maior objetivo deve ser a garantia, aos cidadãos, de um padrão mínimo civilizatório. Recurso de revista conhecido e provido (destaques feitos por mim).(191)

No plano do Direito, segundo Fernando Capez, trata-se a restrição de locomoção em razão de dívida contraída de cercear, de obstar a liberdade de ir e vir da pessoa. Para o autor: "A vítima se encontra obrigada a trabalhar sem permissão para deixar o local até a quitação total da dívida contraída com o patrão ou preposto. Neste último caso,

---

por fazer o primeiro adiantamento em dinheiro para que os trabalhadores deixem com suas famílias ou saldem suas dívidas.

(190) *Pisando fora da própria sombra*: a escravidão por dívida no Brasil contemporâneo. Rio de Janeiro: Civilização Brasileira, 2004. p. 174.

(191) TST-RR-58500-83.2002.5.16.0013. Recorrente: Ministério Público do Trabalho da 16ª Região. Recorrido Olindo Chaves dos Santos. Julgamento em 17.4.2013. Relator: Ministro Renato de Lacerda Paiva. Disponível em: http://aplicacao5.tst.jus.br/consultaunificada2/inteiroTeor.do?action=printInteiroTeor&format=html&highlight=true&numeroFormatado=RR%20-%2058500-83.2002.5.16.0013&base=acordao&rowid=AAANGhAAFAAAJz7AAQ&dataPublicacao=03/05/2013&query=servidao%20and%20por%20and%20divida. Acesso em: 5 fev. 2014.

geralmente não há pagamento em dinheiro, mas mediante compensação de débito, quase sempre de difícil quitação"[192].

Essa difícil quitação, a propósito, é de fácil compreensão, bastando lembrar de Roberto Santos, citado acima, falando do aviamento na época da borracha, quando este indica que o controle da dívida pertencia ao tomador dos serviços, permitindo a este fazê-la "dançar" (leia-se aumentar) conforme seus interesses.

É como diz Pierangeli, a respeito da dívida: "[u]ma dívida que nunca fica saldada, que mensalmente aumenta por meio de expedientes ilícitos, inclusive da fraude ou incidência de juros extorsivos, não obstante o trabalho desempenhado pela vítima por todo o mês"[193].

Este é o caso narrado na ementa transcrita abaixo, em que se menciona a prática de impor "dívidas impagáveis", entre outros fatos que caracterizaram o trabalho em condições análogas à de escravo. Registro que a ementa é longa, mas sua transcrição na íntegra justifica-se pela riqueza de detalhes, capazes de elucidar diversas dúvidas a respeito do ilícito penal que se está aqui a discutir:

> PENAL. REDUÇÃO À CONDIÇÃO ANÁLOGA À DE ESCRAVO. ALICIAMENTO DE TRABALHADORES DE UM LOCAL PARA OUTRO DO TERRITÓRIO NACIONAL. AUTORIA E MATERIALIDADE DEMONSTRADAS. ELEMENTO SUBJETIVO DO TIPO COMPROVADO. RECURSO DESPROVIDO. CONDENAÇÃO MANTIDA. 1. O acusado aliciou trabalhadores dos estados do nordeste, a fim de que trabalhassem em colheita de cana-de-açúcar no Município de Rio das Pedras/SP, sob péssimas condições de trabalho, inviabilizando-lhes, inclusive, o retorno à sua terra de origem, impondo-lhes dívidas impagáveis, reduzindo-os à condição análoga de escravos. 2. A materialidade dos delitos restou comprovada pelos documentos que instruem a inicial, pelos depoimentos prestados na fase extrajudicial, pelo interrogatório do réu, assim como pelos depoimentos das testemunhas de acusação e de defesa coligidos durante a instrução processual. 3. A fotografia acostada aos presentes autos, retrata a frente do alojamento no qual permaneciam as vítimas e, em consonância com o procedimento instaurado pela vigilância sanitária, revela a absoluta precariedade e falta de dignidade a que elas eram submetidas, sendo que ali eram acomodados nada menos que 24 trabalhadores. 4. Restou devidamente comprovado que o acusado forneceu condições materiais para que diversos trabalhadores, oriundos de estados do nordeste brasileiro, se deslocassem até o município de Rio das Pedras-SP, com o fito de trabalhar para o réu, em condições desumanas e deploráveis, na lavoura de cana-de-açúcar. 5. A mera oferta de emprego, mediante oferecimento de meio de transporte até o local de trabalho, ainda que despida do oferecimento de outras vantagens, já se mostraria, por si só, suficiente para caracterizar o aliciamento de trabalhadores, previsto no art. 207 do CP. 6. As vítimas recebiam em torno de R$ 350,00 a R$ 400,00, e deduzidas as despesas, pelo próprio acusado, referentes a viagem e alimentação, seus salários líquidos quedavam em R$ 200,00 ou menos (fls. 115/118).E note-se que

---

(192) *Curso de direito penal, 2*: parte especial. 9. ed. São Paulo: Saraiva, 2009. p. 346.

(193) PIERANGELI, José Henrique. *Manual de direito penal brasileiro*. 2. ed. São Paulo: Revista dos Tribunais, 2007. p. 160. v. 2: parte especial.

o salário mínimo vigente à época dos fatos era de R$ 260,00. 7. Os documentos apreendidos por ocasião do inquérito policial dão conta de que os descontos nos holerites dos empregados diziam respeito a dívidas contraídas com o acusado, referentes a alimentação e despesas com a viagem. 8. As vítimas eram alojadas em uma única habitação de dois quartos, cozinha, uma sala e apenas um banheiro, totalizando nada menos do que 24 trabalhadores, o que é desumano e degradante, porque não havia qualquer tipo de higienização adequada, já que a limpeza ocorria de oito em oito dias e era absolutamente insatisfatória, sendo que eles viviam em condições degradantes. 9. Dos depoimentos das testemunhas de acusação e de defesa colhidos se extrai que as vítimas já levavam consigo para a lavoura as marmitas, por volta de 6:30h da manhã, tendo que se alimentar cerca de três a quatro horas após, porque a comida azedava, não havendo, assim, horário fixo para almoço ou repouso. 10. Os depoimentos das testemunhas de acusação não foram somente os prestados pelas vítimas, ao contrário do que quer fazer crer a defesa. 11. A receita líquida recebida pelos trabalhadores não permitia o seu próprio sustento, de forma digna, e muito menos de membros de sua família, e nem o retorno ao seu Estado de origem. 12. O fato de as vítimas terem aquiescido às condições que lhes foram impostas pela ré, e o fato de não ter prometido passagens de volta, em nada repercutem em sua defesa, uma vez que o tipo penal se contenta com a mera submissão à condição degradante e na restrição da locomoção dos ofendidos em virtude das dívidas contraídas. 13. Quanto ao crime de aliciamento, o próprio réu, em interrogatório, a par de inicialmente se esquivar, admitiu que aliciou os trabalhadores. 14. Ainda que o réu tenha alegado não ter aliciado os trabalhadores que residiam no alojamento, tal versão cai por terra face ao conjunto probatório a atestar a materialidade do delito e a apontá-lo como seu autor. 15. Dosimetria das penas mantida. A culpabilidade, de fato, mostrou-se exacerbada, em razão do grande número de vítimas atingidas pela conduta do réu (24), além das condições desumanas a que foram os trabalhadores submetidos, no que se refere ao oferecimento de alimentação prestes a azedar, de alojamento sujo, com restos de comida e dejetos, ausência de ventilação, ambientes tomados pela umidade e mofo, ausência de camas para dormir, ausência de horário próprio para as refeições e repouso, aglomeração de pessoas em local de dimensões pequenas e inadequadas, um único sanitário para ser utilizado por eles, não oferecimento de equipamentos adequados para o trabalho e de proteção a sua integridade física e a sua saúde. Os motivos do crime se mostraram ignóbeis: busca de um lucro maior, e a exploração, de forma abusiva e execrável, da força de trabalho desses homens no corte de cana, mediante o pagamento de salário ínfimo que, com os descontos das dívidas, com viagem e alimentação, que eram feitos, não lhes propiciava nem mesmo suprir o próprio sustento, ou uma vida condigna. As consequências do crime foram graves, porque as condições de vida e de trabalho ultrajantes, perigosas e insalubres oferecidas a essas pessoas colocaram em risco a integridade e a saúde física e mental desses trabalhadores durante meses, até que houve a intervenção policial. 16. Correta a substituição da pena corporal por duas penas restritivas de direitos (e não uma, como pretendia a defesa), nos termos, do art. 44, § 1º, do Código Penal. 17. Recurso da defesa desprovido. Sentença mantida.(194)

Feita essa exposição a respeito de como ocorre a conduta no modo de execução em discussão, de seus antecedentes, e da visão doutrinária a respeito, cabe indicar os

(194) Tribunal Regional Federal (TRF) da 3ª Região. 5ª Turma. Processo: 0005885-40.2004.4.03.6109. UF: SP. Classe: ACR — Apelação Criminal — 33950. Relatora: Desembargadora Federal Ramza Tartuce. Julgamento em 27.6.2011. Publicado no e-DJF3 Judicial 1, em 6.7.2011, p. 794. Disponível em: www.trf3.jus.br. Acesso em: 19 fev. 2014.

elementos que caracterizam, em conjunto, a restrição de locomoção do trabalhador, por qualquer meio, em razão de dívida contraída: 1) A existência de uma relação de trabalho; 2) A existência de uma dívida de qualquer natureza, lícita ou ilicitamente constituída, que tenha o trabalhador para com o tomador de seus serviços ou com seus prepostos; 3) o impedimento ao direito do trabalhador de deixar o trabalho, por meio da coação, que pode ser física ou moral, ou por qualquer outro meio que impossibilite o seu deslocamento[(195)], em razão da dívida referida na 2ª característica.

Nesse sentido, acredito que a restrição de locomoção do trabalhador, por qualquer meio, em razão de dívida contraída, para os fins do art. 149 do Código Penal, deve ser definida como: a restrição ao direito do trabalhador de deixar o trabalho, por coação ou qualquer outro meio, em razão de dívida, lícita ou ilicitamente constituída, deste para com o tomador de seus serviços ou com seus prepostos.

É que, na definição acima, penso, estão presentes os elementos básicos desse meio de execução, que é a presença da relação de trabalho, indispensável hoje para a caracterização do tipo penal, e o fato de que o trabalhador tem o seu direito de deixar o trabalho obstado, em razão da "obrigação" que teria para com o tomador de seus serviços ou com os prepostos deste, em razão de dívida.

A propósito da dívida, embora o normal seja inflá-la a partir da cobrança de preços abusivos, bem como cobrar o que não é devido, como os instrumentos para o trabalho e outros bem necessários à realização da atividade, todos de responsabilidade, no tocante ao fornecimento, do tomador dos serviços, é preciso ressaltar, sempre, que pouco importa sua origem lícita ou ilícita, pois não é possível obstar, em qualquer hipótese, a liberdade de locomoção do trabalhador em razão de dívida contraída em relação de trabalho.

Note se que, em alguns casos o trabalho sujeito à condição análoga à de escravo em razão da restrição de locomoção por dívida contraída se materializa, embora o trabalhador desconheça esse fato, como que por "concordância" da própria vítima. É quando esta acredita que, efetivamente, deve ao tomador dos serviços, autor do delito, e permanece no local de prestação, acreditando que deve quitar o débito.

Para Júlia de Paula:

> Ao aceitar o argumento do empregador para sua retenção no local de trabalho, o trabalhador está legitimando as ideias dominantes de uma sociedade de classes e a validade de um contrato. Ele se submete às regras do empregador e aceita o compromisso de honrar a dívida, que, naturalizada pelos próprios

(195) A esse respeito, Luiz Regis Prado ensina que "o agente pode se utilizar da ameaça, violência, fraude, desde que idôneos à sujeição do sujeito passivo ao seu domínio" (*Direito penal*: parte especial — arts. 121 a 196. São Paulo: Revista dos Tribunais, 2008. p. 64).

trabalhadores, impossibilita a visibilidade de como se realiza o sistema de exploração a que está submetido.[196]

Já para Palo Neto: "Não é difícil de compreender esse mecanismo, pois a fraude muitas vezes não está clara para o trabalhador, afinal de contas está sendo cobrado algo que ele consumiu"[197].

É claro que isso não torna o ato legítimo. Pelo contrário, ele continua sendo um delito. Ocorre que, aceito como natural e legítimo pelos trabalhadores, abre uma possibilidade maior de impunidade, pois, como estes desconhecem a violação que sofreram, tendem a não denunciar o fato havido em seu desfavor.

Para encerrar, é preciso frisar, aqui especificamente em relação a esse modo de execução, mas o que se aplica a todos os demais: o responsável pela investigação, ao se deparar com situação que implique restrição de locomoção em razão de dívida contraída, deve indicá-la de forma analítica, ou seja, registrando a presença de todos os elementos que caracterizam o modo em comento.

Fazê-lo de forma genérica, como às vezes pode ocorrer, gera o risco de a situação não ficar devidamente caracterizada, o que é importante para a obtenção de uma decisão de condenação, especialmente em matéria penal, no caso de estar caracterizado o trabalho em condições análogas à de escravo.

IV.1.2. Por equiparação

Os modos de execução por equiparação são, como já visto neste livro, os definidos no art. 149, § 1º, do Código Penal, em número de três.

Como já indicado também no início deste capítulo, os modos de execução por equiparação existem, como os típicos, de forma que se pode denominar de autônoma, no sentido de que sua ocorrência, isolada, já caracteriza o trabalho em condições análogas à de escravo.

Não é comum que isso ocorra, todavia, como se teve a oportunidade de verificar mais acima, nas decisões que foram transcritas, em que os modos por equiparação funcionam muitas vezes mais como suporte para o reconhecimento do trabalho escravo, mas com modos típicos sendo também reconhecidos e descritos. Mais que isso, como, o que será visto mais adiante, exigem os modos de execução por equiparação um fim

---

(196) Escravização por dívida: um estudo das formas de exploração da força de trabalho no Brasil. *In:* SANTOS, Cleusa e outros (orgs.). *Estados da plebe no capitalismo contemporâneo.* São Paulo: Outras Expressões, 2013. p. 66.

(197) *Conceito jurídico e combate ao trabalho escravo contemporâneo.* São Paulo: LTr, 2008. p. 76.

especial de agir, que é reter o trabalhador no local de trabalho, na prática, provado este fim, tem-se não só reconhecido o modo por equiparação perseguido, seja ele qual for, mas também a manutenção do trabalhador no local de trabalho contra sua vontade, o que, parece-me, configura também o trabalho forçado, ou, se a retenção é para que o trabalhador pague "dívida" contraída, a servidão por dívida.

É que é difícil imaginar que o tomador manteria o trabalhador retido no local de trabalho se não fosse para que este trabalhasse. De qualquer forma, reconhecer mais de um modo somente reforça a ocorrência do trabalho escravo, não implicando reconhecimento de que houve mais de um crime.

Isso do ponto de vista penal, pois, no âmbito trabalhista, pode ter o condão de elevar uma condenação de natureza reparatória pelo reconhecimento de que houve violação mais grave de direitos fundamentais dos trabalhadores do que ocorreria se somente um modo de execução fosse reconhecido.

De qualquer sorte, isso, em parte, é natural, pois não é comum ter-se, ainda, somente um modo típico de execução nos casos que são analisados, até porque quem pratica ilícitos, especialmente em matéria penal (e, neste caso, trabalhista), dificilmente faz de forma isolada. Isso faz com que diversos modos de execução do trabalho escravo sejam às vezes combinados, como se observou nos Processos ns. TST-RR 58500-83.2002.5.16.0013, da 2ª Turma do Tribunal Superior do Trabalho e 0005885-40.2004.4.03.6109, da 5ª Turma do TRF da 3ª Região, conforme registrado no tópico pertinente à restrição de locomoção por dívida contraída, e, em outros casos, seja reconhecida até a prática de outros crimes, como o verificado no Processo n. 0000022-42.2008.4.03.6181, da 2ª Turma do TRF da 3ª Região, mencionado no tópico relativo à jornada exaustiva.

A esse respeito, é estratégia do Ministério Público Federal (MPF) em relação ao crime de reduzir alguém à condição análoga à de escravo — e com certeza em relação aos demais ilícitos praticados — aprofundar as investigações, para determinar se o autor do delito praticou ainda outros crimes. Como corretamente afirmou a Subprocuradora-Geral da República Raquel Elias Ferreira Dodge, Coordenadora da 2ª Câmara de Coordenação e Revisão do MPF:

> A imputação de crimes conexos em uma mesma ação penal revela a verdadeira dimensão da culpabilidade dos agentes do crime da redução à condição análoga à de escravo e permite a gradação mais proporcional da pena que lhe será aplicada pelo juiz na ação penal ajuizada pelo Ministério Público Federal.[(198)]

---

(198) MINISTÉRIO PÚBLICO FEDERAL — 2ª CÂMARA DE COORDENAÇÃO E REVISÃO. *Roteiro de atuação contra a escravidão contemporânea*. Brasília: MPF/2ªCCR, 2012. Apresentação. A isso chamam

Voltando especificamente aos modos de execução por equiparação, conveniente registrar que essas hipóteses, embora constem da Lei Penal somente a partir de 2003, não são práticas novas. O que é novo é, somente, o tratamento dado a elas pela lei, ao indicá-las em separado.

Comprovando essa assertiva, basta observar narrativas[(199)] a respeito de trabalho escravo que já identificavam essas práticas desde antes da alteração da redação do art. 149 do Código Penal.

Neide Esterci, por exemplo, revela, pela fala de um trabalhador rural, de nome Firmino, uma forma comum de forçar o trabalhador a continuar a prestação dos serviços, que é a de negar o acesso aos meios para o deslocamento para fora do local em que ocorre a atividade, o que, em se tratando da imensidão da Amazônia, torna difícil, quando não impossível, deixar o trabalho. Esse trabalhador, Firmino, registra para a pesquisadora que, para deixar o local de trabalho, teve de andar, "por dentro do mato", 15 km[(200)].

A mesma autora, no texto acima indicado, e que trata do modo específico de execução do trabalho escravo, que é a restrição de locomoção por dívida contraída, visto anteriormente neste capítulo, narra diversas formas de reter os trabalhadores, o que fica claro em duas passagens. Primeiro, quando Esterci afirma: "já que havia força armada a serviço da fazenda ou dos recrutadores" e depois quando indica o que, atualmente, são dois modos distintos de trabalho escravo por equiparação, da seguinte forma: "[c]om o objetivo de reter os trabalhadores, também se recorria à retenção de documentos pessoais, à negação de acesso a recursos necessários para o deslocamento"[(201)].

Ricardo Rezende Figueira aponta situação semelhante em fazenda localizada no Pará, com trabalhadores do Município de Conceição do Araguaia, em que "[d]ois pistoleiros

---

Gomes e Molina de concurso de crimes, que "ocorre quando o agente com uma só conduta ou várias realiza mais de um crime (ou seja: pratica vários fatos ofensivos a um ou vários bens jurídicos)" (GOMES, Luiz Flávio; MOLINA, Antonio García-Pablos de. *Direito penal*: parte geral. 2. ed. São Paulo: Revista dos Tribunais, 2009. v. 2, p. 382).

(199) Importante observar, como será verificado nos parágrafos adiante, no texto, que é nítida a influência dos autores que serão citados na alteração do art. 149 do Código Penal, especialmente do § 1º, quer pela condição de alguns pesquisadores, quer pela presença de outros em movimentos que lutam, até hoje, contra o trabalho escravo. A propósito, curioso notar o que até poderia ser entendido como um paradoxo: conhecendo pessoalmente uma parte dos autores, posso indicar que sua orientação teórica é distinta da que, entendo, dá sustentação para a correta compreensão do alcance do art. 149 do Código penal, que é Kant, como indiquei no Capítulo III. Não é um problema; pelo contrário, é a demonstração de que em praticamente todas as correntes que defendem a ideia de justiça há, claramente, o repúdio à instrumentalização humana, embora tenha sido Kant, penso, o que melhor sustentou essa concepção. Isso revela o acerto da nova redação do art. 149.

(200) A dívida que escraviza. *In: Trabalho escravo no Brasil contemporâneo*. Goiânia: Comissão Pastoral da Terra; São Paulo: Loyola, 1999. p. 113.

(201) *Ibidem*, p. 123 e 124.

armados vigiavam os peões e ameaçavam bater e atirar em quem tentasse fugir sem pagar os 'débitos'"[202].

Essa relação entre servidão por dívida e vigilância ostensiva para impedir as "fugas" dos trabalhadores, aliás, é uma constante nas experiências colhidas nos casos de trabalho escravo, estando presente no Relato que fez Xavier Plassat na *Oficina trabalho escravo*: uma chaga aberta, no Fórum Social Mundial, quando fala da agrura do trabalhador que percebe que foi enganado, mas não sabe como sair do local de trabalho, e que é vigiado por arma de fogo[203], ou na descrição feita por Dom Pedro Casaldáliga, então Bispo de São Félix, no Mato Grosso, a respeito dos peões, em texto bem conhecido, denominado "Uma igreja da Amazônia em conflito com o latifúndio e a marginalização social", quando mostra que os trabalhadores, tentando escapar do local em que, quanto mais trabalham, mais se endividam, "são barrados por pistoleiros pagos para tanto"[204].

E essas práticas são, dentro da relação ilícita que se estabelece no caso da submissão do trabalhador à condição análoga à de escravo, e com conotação evidentemente negativa, por óbvio, "naturais", pois a forma que têm os tomadores dos serviços de manter os trabalhadores no local de trabalho, quando estes percebem que estão sendo, simplesmente, enganados, é criar embaraços para a saída, ou colocando homens armados para impedir a saída, ou retendo a documentação e/ou os objetos pessoais dos trabalhadores, ou negando a eles os meios para o deslocamento para fora do local de trabalho.

Esses modos por equiparação prestam-se, usualmente, para tornar exitosa a tentativa de submissão do trabalhador a um dos modos típicos de execução, como a servidão por dívida, evitando que o trabalhador deixe o local de trabalho sem pagar o que lhe é cobrado. Também são usados quando o trabalho é prestado, mesmo não havendo dívidas, sem a concordância do trabalhador, o que configura o trabalho forçado, ou quando as condições são desumanas, o que caracteriza o trabalho em condições degradantes.

A verdade é que os modos de execução, típicos e por equiparação, estão nitidamente interligados, um levando ao outro, ou sustentando o outro.

Antes de 2003, entretanto, para a caracterização do trabalho escravo o que se observava era o conjunto, pois só ele era capaz de estimular o intérprete a configurar o ilícito penal. Hoje em dia isso não é mais necessário, bastando um único modo, como venho enfatizando neste livro, em diversas passagens.

---

(202) Condenados à escravidão. *In: Trabalho escravo no Brasil contemporâneo*. Goiânia: Comissão Pastoral da Terra; São Paulo: Loyola, 1999. p. 197.

(203) *Anais da oficina trabalho escravo:* uma chaga aberta. Brasília: OIT, 2003. p. 85.

(204) São Félix — MT, mimeo, 1971. p. 17.

Assim, por exemplo, identificado que, em determinado local de trabalho, o tomador de serviços, ou seu preposto, manteve vigilância armada com o objetivo de reter os trabalhadores, já está caracterizado o trabalho escravo, não sendo necessário provar, o que nem sempre é, pelos meios de prova disponíveis, possível, que o trabalhador estava trabalhando contra sua vontade, ou que as condições de trabalho eram degradantes, ou que o objetivo era manter o trabalhador no local até que saldasse sua "dívida".

A alteração, nesse sentido, é mais benéfica para a sociedade, evitando que eventual deficiência na prova impeça que aquele que pratica crime grave deixe de receber a reprimenda estatal, pois, não obstante a tarefa da fiscalização e da polícia judiciária continue sendo a de buscar a apuração de todos os fatos, a impossibilidade de comprovar todos não impedirá a propositura das ações penais e trabalhistas cabíveis.

Agora, relembrando o objeto principal do item, são três os modos de execução do trabalho escravo por equiparação.

O primeiro ocorre quando o tomador dos serviços (ou seu preposto) cerceia o uso de qualquer meio de transporte por parte do trabalhador; o segundo, quando é mantida vigilância ostensiva; e, o terceiro, quando há a retenção de documentos ou de objetos de uso pessoal do trabalhador.

José Henrique Pierangeli, a propósito dos dois últimos: vigilância ostensiva e retenção de documentos, que registra como sendo situações ainda mais graves que a do primeiro modo, exemplifica sua ocorrência da seguinte forma:

> Na primeira, o empregador, para impedir a saída dos operários, mantém uma verdadeira milícia privada armada, que representa um obstáculo à fuga e uma forma de coação que, subjetivamente, significa poder dissuasório de qualquer iniciativa de saída do local. Apoderando-se dos documentos do empregado aliciado, e retendo-os em seu poder, o empregador cria mais uma forma de sujeição para o empregado. Não se pense que tal situação poderia ser elidida com a retirada da segunda via de tais documentos, porque esses operários são recrutados em longínquas regiões do país, o que torna extremamente dificultosa tal providência. Atente-se, ainda, que tais pessoas, pela sua baixa (ou nenhuma) escolaridade, sequer têm conhecimento de tal possibilidade.[205]

O objetivo, nos três modos, é sempre o mesmo: reter o trabalhador no local de trabalho, que Luiz Regis Prado afirma ser o especial fim de agir, e que consistiria no

(205) PIERANGELI, José Henrique. *Manual de direito penal brasileiro*. 2. ed. São Paulo: Revista dos Tribunais, 2007. v. 2: parte especial, p. 160-161, estando a citação direta na p. 161.

elemento subjetivo do injusto[206]. O mesmo autor, a respeito da consumação, nesses modos, ensina que a conduta do autor que caracterize uma dessas hipóteses consuma o delito[207].

Observo que, para o reconhecimento de que o delito foi praticado, caso se reconheça esse fim especial de agir, possivelmente a jurisprudência caminhará no sentido de que esse objetivo (fim especial de agir) deverá ser provado[208], ou seja, atribuindo ao Ministério

---

(206) Na lição de Rogério Greco, como consequência da adoção da teoria natural da ação, era feita a distinção entre dolo genérico e dolo específico. Distinguindo os dois: "Dizia-se que dolo genérico era aquele em que no tipo penal não havia indicativo algum do elemento subjetivo do agente ou, melhor dizendo, não havia indicação alguma da finalidade da conduta do agente. Dolo específico, a seu turno, era aquele em que no tipo penal podia ser identificado o que denominamos de especial fim de agir". Para este autor, todavia, "uma vez adotada a teoria finalista da ação, podemos dizer que em todo o tipo penal há uma finalidade que o difere do outro, embora não seja tão evidente quando o próprio artigo se preocupa em direcionar a conduta do agente, trazendo expressões dela indicativas" (*Curso de direito penal*: parte geral. 14. ed. Niterói: Ímpetus, 2012. p. 191). Cezar Roberto Bitencourt, por sua vez, afirma que a distinção feita pela doutrina clássica era imprópria, ao dizer que o elemento subjetivo geral era denominado de dolo genérico, e o especial fim ou motivo de agir era chamado de dolo específico. Para este autor, "o *especial fim* ou motivo de agir, embora amplie o aspecto subjetivo do tipo, não integra o dolo nem com ele se confunde", ensinando que "o dolo esgota-se com a *consciência* e a *vontade* de realizar a ação com a finalidade de obter o resultado delituoso, ou na *assunção* do risco de produzi-lo". O especial fim de agir, para Bitencourt, condiciona ou fundamenta a ilicitude do fato, sendo, dessa feita, elemento subjetivo do tipo de ilícito, "de forma autônoma e independente do dolo". Em sendo assim, a denominação correta seria "*elemento subjetivo especial do tipo* ou *elemento subjetivo especial do injusto*" (*Tratado de direito penal*: parte geral 1. 15. ed. São Paulo: Saraiva, 2010. p. 321-322). Cabe observar que, no Supremo Tribunal Federal a distinção entre dolo genérico e específico ainda é feita, como se pode ver nos fundamentos da decisão do Ministro Relator Luiz Fux no ARE 742195/SC (Recurso Extraordinário com Agravo), de 8.5.2013, em que consta: "De outro vértice, a norma penal em voga encerra elemento subjetivo composto de dolo genérico e específico; o primeiro é vislumbrado na deliberada vontade dirigida ao recebimento da indevida vantagem ou aceitação de promessa de entrega de benefício imerecido, ao passo que o segundo se caracteriza pelo fim específico visado pelo intraneus, o de pautar o funcionário público seu dolo agir ou sua omissão em detrimento aos direitos e deveres inerentes a sua função, ambos, no caso, materializados nos depoimentos colhidos e demais provas" (Disponível em: www.stf.jus.br/portal/jurisprudencia. Acesso em: 8 mar. 2014). Da mesma forma no acórdão (decisão unânime) no *Habeas Corpus* 113.418, Paraíba, da 1ª Turma, em que também foi Relator o Ministro Luiz Fux, julgado em 24.9.2013, em que consta da ementa o seguinte: "O crime de apropriação indébita previdenciária exige apenas 'a demonstração do dolo genérico, sendo dispensável um especial fim de agir, conhecido como *animus rem sibi habendi* (a intenção de ter a coisa para si). Assim como ocorre quanto ao delito de apropriação indébita previdenciária, o elemento subjetivo animador da conduta típica do crime de sonegação de contribuição previdenciária é o dolo genérico, consistente na intenção de concretizar a evasão tributária' (AP 516, Plenário, Relator o Ministro Ayres Britto, DJe de 20.9.11)" (também disponível em: www.stf.jus.br/portal/jurisprudencia. Acesso em: 8 mar. 2014).

(207) PRADO, Luis Regis. *Direito penal*: parte especial — arts. 121 a 196. 2. ed. São Paulo: Revista dos Tribunais, 2008. p. 64.

(208) Cezar Roberto Bitencourt, por exemplo, e completando a lição apresentada em nota anterior, mas agora focado especificamente no trabalho em condições análogas à de escravo, afirma que os modos de execução por equiparação, que denomina de "figuras típicas 'assimiladas' ao *caput*", impõem um "*elemento subjetivo especial do injusto*, representado pelo *especial fim de reter as vítimas no local de trabalho*"

Público, titular da ação penal respectiva, o ônus de comprovar que uma das três situações fáticas acima ocorreu com o fim de manter o trabalhador no local de trabalho[(209)], a não ser que isto esteja já cabalmente demonstrado, no caso de o modo ser um a mais, no conjunto dos fatos.

Já as características dos três modos, penso, são sempre, também, três. A primeira confunde-se com os fatos que caracterizam cada uma das hipóteses: cerceamento de meios de transporte; ou, vigilância ostensiva; ou, retenção de documentos ou de objetos de uso pessoal.

A elas devem ser acrescidas, sempre, mais duas. A existência de uma relação de trabalho, pois o crime do art. 149 do Código Penal, por qualquer dos modos, como venho sempre salientando, só ocorre em relação entre um tomador de serviços e um trabalhador; e, por fim, o objetivo do tomador ou do preposto de reter o trabalhador no local de trabalho.

Para encerrar este item, pode ser oferecida uma definição genérica para o crime de trabalho escravo, relativamente aos modos de execução por equiparação, da seguinte forma: considera-se trabalho escravo por equiparação reter o trabalhador em seu local de trabalho por meio do cerceamento do uso de qualquer meio de transporte, ou por vigilância ostensiva, ou pela retenção de seus documentos ou objetos de uso pessoal.

IV.2. Aumento da pena

O art. 149 do Código Penal, no parágrafo segundo, como visto no Capítulo III, prevê dois casos em que a pena é aumentada de metade: quando o crime é cometido: I — contra criança ou adolescente; e, II — por motivo de preconceito de raça, cor, etnia, religião ou origem.

A respeito do tema, Rogério Greco afirma, em relação à primeira causa, o seguinte: "Para que seja aplicada a mencionada causa especial de aumento de pena deverá ser comprovada nos autos a idade da vítima, por meio de documento hábil, conforme determina o art. 155 do Código de Processo Penal"[(210)].

(BITENCOURT, Cezar Roberto. *Tratado de direito penal, 2*: parte especial: dos crimes contra a pessoa. 9. ed. São Paulo: Saraiva, 2009. p. 407).

(209) Fernando Capez, a propósito, afirma em outras palavras que, estas ações podem, por exemplo, configurar outro crime, como constrangimento ilegal ou cárcere privado, caso praticadas sem a finalidade de reter o trabalhador no local de trabalho (*Curso de direito penal, 2*: parte especial. 9. ed. São Paulo: Saraiva, 2009. p. 348).

(210) GRECO, Rogério. *Curso de direito penal*: parte especial. 5. ed. Niterói: Ímpetus, 2008. v. 2, p. 546.

Antes disso, faz a transcrição do art. 2º da Lei n. 8.069/90 (Estatuto da Criança e do Adolescente), que considera criança a pessoa até 12 anos, e adolescente quem tem entre 12 e 18 anos. Já em relação à segunda, ensina: "[a] segunda causa de aumento da pena, prevista no § 2º do art. 149 do Código Penal, diz respeito, diretamente, à motivação do agente, ou seja, o que o impeliu a reduzir a vítima à condição análoga à de escravo foi o seu preconceito relativo a raça, cor, etnia, religião ou origem"(211).

José Henrique Pierangeli, ao tratar do mesmo assunto, faz algumas considerações diferentes.

Em primeiro lugar, considera que o aumento da pena só pode ocorrer, no caso dos adolescentes até 16 anos, porque o Código Civil admite a possibilidade de emancipação com esta idade. Já em relação ao inciso que trata do preconceito, entende que a disposição era perfeitamente dispensável, sem oferecer explicação a respeito(212).

Já Cezar Roberto Bitencourt tem posição mais crítica ainda, afirmando que: "A partir da última década do século XX, o legislador brasileiro descobriu novas fórmulas para exasperar toda e qualquer sanção penal", e relaciona as causas de aumento de pena (que denomina também de "neomajorantes") previstas no art. 149 do Código Penal. Feito isso, conclui de forma semelhante a Greco, entendendo que a primeira causa de aumento de pena ocorre se a redução à condição análoga à de escravo é praticada contra pessoas com até 18 anos, e que, na segunda causa, é preciso que esteja presente o "*especial fim de discriminar* o ofendido"(213).

Creio que os dois últimos doutrinadores aqui citados não entenderam o exato sentido do parágrafo segundo, aqui discutido, especialmente o inciso II, que trata do aumento da pena em razão de preconceito, e que até revela uma imprecisão conceitual a respeito do que tratarei a seguir, mas possui alta relevância, sob o aspecto penal.

Antes de avançar, todavia, quero fazer uma observação pontual a respeito do pensamento de Pierangeli em relação ao inciso I, que prevê aumento de pena para o caso de o crime ser cometido contra criança ou adolescente.

É que referido autor, ao defender que a causa de aumento de pena só ocorre se a vítima tiver até 16 anos, em verdade, trata uma suposta exceção como regra.

Ainda que se entenda que a emancipação, que importa na aquisição pelo adolescente da capacidade absoluta, possa impedir essa causa de aumento de pena, está claro que seria uma exceção à regra, não podendo ser transformada na própria regra.

---

(211) GRECO, Rogério. *Curso de direito penal*: parte especial. 5. ed. Niterói: Ímpetus, 2008. v. 2, p. 546.

(212) *Manual de direito penal brasileiro*. 2. ed. São Paulo: Revista dos Tribunais, 2007. v. 2: parte especial, p. 161.

(213) *Tratado de direito penal, 2*: parte especial: dos crimes contra a pessoa. 9. ed. São Paulo: Saraiva, 2009. p. 407.

Assim, como regra, desde que ocorra a redução à condição análoga à de escravo de pessoa que reveste a condição de criança ou de adolescente, ou seja, até 18 anos, será caso de aumento de pena, e não somente até os 16 anos.

Ocorre que, como disse, essa é uma questão pontual, não obstante importante, e o que quero, neste item é, principalmente, acentuar as razões corretas que justificam a existência das duas causas de aumento da pena.

Começando pelo inciso I, que trata do aumento de pena quando houver a prática do trabalho escravo contra criança ou adolescente, é preciso, desde logo, lembrar que há momentos na vida das pessoas em que seu estado de vulnerabilidade é maior, independentemente de fatores socioeconômicos ou socioculturais. Esses períodos estão nos dois extremos da existência humana: de um lado, na infância e na adolescência, em que ainda não estão totalmente preparados para toda a complexidade da vida, e, de outro, quando na condição de idosos, pelas circunstâncias que diminuem sua capacidade, física e/ou mental, de superar todas as dificuldades de uma vida que é toda projetada para corresponder às possibilidades e às necessidades de uma pessoa adulta.

O Direito tem buscado oferecer condições especiais de acesso aos bens da vida às pessoas nessas duas situações, como forma de garantir que possam exercer seus direitos dentro de uma vida que atinja suas expectativas, e é natural que, além disso, seja ofertada uma proteção especial, quando tal se justifique.

Em relação às crianças e aos adolescentes, isso é feito a partir da chamada *doutrina da proteção integral*, e que pode ser compreendida a partir do último considerando do Preâmbulo da Declaração dos Direitos da Criança, da Organização das Nações Unidas — ONU, de 1959: "a humanidade deve à criança[214] o melhor de seus esforços".

Quando o Estado edita normas e cria programas em favor da proteção da criança e do adolescente está somente respeitando a política que foi definida para a criança e para o adolescente no texto constitucional, que é baseada, segundo Viviane Colucci, na acima mencionada doutrina da proteção integral, e que, conforme a autora, foi assim definida na Convenção sobre os Direitos da Criança, assinada em New York em 1989:

> A humanidade deve dar à criança o melhor que lhe pode dar [...].
>
> A criança gozará de uma proteção especial e disporá de oportunidades e serviços, proporcionados pela lei e por outros meios, para que possa desenvolver-se física, mental, moral, espiritual e socialmente de forma saudável e normal, assim como em condições de liberdade e dignidade. A criança deve ser protegida contra toda forma de abandono, crueldade e exploração.[215]

---

(214) Observe-se que a legislação internacional não costuma diferenciar criança de adolescente. Assim, criança, nos textos internacionais, deve ser entendida a pessoa com até 18 anos.

(215) A atuação do Ministério Público do Trabalho no combate ao trabalho infantil através dos fóruns temáticos. *Revista do MPT*, Brasília: Procuradoria Geral do Trabalho; São Paulo: LTr, n. 20, p. 74, set. 2000.

Implementar normas e programas que permitam a proteção integral da criança, então, é objetivo constitucional do Estado, não podendo ser vista essa implementação como opção, e sim como exigência.

No tocante ao trabalho, a regra, tanto no plano nacional como no plano internacional, tem sido a de proibir o trabalho da criança, e proteger, impondo limites bem rígidos, o trabalho do adolescente, quando não é possível mantê-lo fora do mercado de trabalho[(216)].

O inciso I faz parte desse esforço, sancionando, do ponto de vista penal, quem utiliza o trabalho de crianças ou adolescentes em condições análogas à de escravo. Se já não se admite o trabalho em condições normais, muito menos em regime de exploração que vai muito além dos limites legais.

Já em relação ao inciso II, um dos problemas que contribui para o desequilíbrio, no acesso aos bens da vida, especialmente os fundamentais, entre os integrantes de sociedade, decorre do que se convencionou chamar de exclusão social, e que leva alguns indivíduos, especialmente os pertencentes a grupos determinados, à condição de vulneráveis. A exclusão é motivada por diversos fenômenos, de início estranhos ao Direito, como o estigma, o estereótipo e o preconceito, sendo o último e mais abrangente de todos, quando exteriorizado, denominado de discriminação, esta sim uma categoria jurídica de análise[(217)].

O combate às práticas discriminatórias, desde que foi iniciado[(218)], pode ocorrer, basicamente, de duas formas: pela adoção de normas que vedem e reprimam a discriminação ou pela adoção de disposições que favoreçam a inclusão de integrantes de determinados grupos, em prática que se convencionou chamar de ação afirmativa, e que é mais recente.

Há, então, dois modelos. No primeiro, seguramente o mais antigo, o Estado cuida de editar normas que vedem as práticas discriminatórias, usualmente criminalizando esses atos e também impondo sanções de natureza administrativa, civil e trabalhista. Denomino tal modelo de repressor.

---

(216) O art. 7º, XXXIII, da Constituição da República, prescreve: proibição de trabalho noturno, perigoso ou insalubre a menores de dezoito e de qualquer trabalho a menores de dezesseis anos, salvo na condição de aprendiz, a partir de quatorze anos.

(217) A respeito da discriminação e dos fenômenos que interferem na percepção das pessoas, como o estigma, o estereótipo, e o preconceito, ver, para compreensão mais ampla, o meu livro *Discriminação no trabalho* (São Paulo: LTr, 2002. p. 37-42), assim como o meu *Ações afirmativas* (4. ed. São Paulo: LTr, 2016. p. 60-62), e que é a base para esta parte do texto.

(218) Ou seja, desde que a desigualdade deixou de ser regra prevista no ordenamento jurídico dos países. Para melhor compreensão, observe-se o caso brasileiro, e que tem relação direta com o presente estudo, em que a escravidão foi admitida até a edição da Lei Áurea, nos fins do século XIX.

Este, não obstante não seja capaz de alterar as situações de desequilíbrio que se vêm estabelecendo ao longo dos anos, o que é o papel do modelo das ações afirmativas, cumpre o importante papel de, como dito acima, reprimir as condutas que se afigurarem como discriminatórias, impedindo sua continuidade ou reparando as que já tenham produzido seus negativos efeitos.

O objetivo do inciso II é esse, e, em sociedade excludente como é a brasileira, penso que acertada a decisão do legislador de incluir o trabalho escravo decorrente de discriminação como causa de aumento de pena.

Não creio que a opção legislativa, tanto em uma como na outra causa de aumento de pena, seja despropositada. Pelo contrário, em tipo penal que já tutela o atributo mais valioso do ser humano, a dignidade, bem como um de seus mais importantes bens, que é a liberdade, parece-me mais do que razoável aumentar a pena em casos em que outros bens jurídicos primordiais, no caso a igualdade e o direito de a criança e o adolescente de serem protegidos, sejam também afetados pela mesma conduta delituosa.

Para encerrar, não se imagine que essa disposição não tenha influência na intervenção na esfera trabalhista. No caso de serem verificadas as condições que, para fins penais implicam aumento da pena, é evidente que isso repercutirá também na decisão proferida na Justiça do Trabalho, quer para impor maiores restrições ao tomador de serviços em novas contratações, no caso da propositura de ação civil pública, quer para elevar o valor da indenização por dano, tanto em ações individuais como coletivas.

IV.3. Considerações finais

Como dito desde o início, na Nota do Autor, a proposta deste livro foi a de apresentar os elementos necessários para a caracterização jurídica do trabalho em condições análogas à de escravo.

Para isso, trabalhei com as fontes doutrinárias e normativas, além da jurisprudência, que me pareceram adequadas para trazer um pouco mais de luz ao assunto, tentando apresentar todas as posições que me pareceram relevantes, embora sem deixar de apresentar meu próprio posicionamento a respeito, e que funciona como o fio condutor do texto.

Não é um texto de acusação, pois não quero que qualquer trabalho seja considerado como análogo à escravidão, mas de compreensão, pois tenta descobrir qual a melhor caracterização jurídica desse fenômeno que resiste ao passar do tempo: a subjugação extremada do ser humano pelo ser humano.

Por isso, é um tema atual. A propósito, basta ver os dados fornecidos pelo então Ministério do Trabalho e Previdência Social a respeito das operações que empreende para o seu combate para que se tenha certeza disso.

Pelo Quadro Geral das Operações de Fiscalização para Erradicação do Trabalho Escravo — SIT/SRTE — 1995 a 2013, atualizado em 22 de maio de 2013, verifica-se que, no período indicado (1995 a 22 de maio de 2013), foram realizadas 1.572 operações em 3.741 estabelecimentos, com 46.478 trabalhadores resgatados, tendo sido lavrados 46.478 autos de infração[(219)].

São números de magnitude indiscutível, cabendo observar que as mais de 1.500 operações e os mais de 46.000 trabalhadores resgatados, por óbvio, não encerram todos os eventos em que houve trabalho escravo no Brasil, nem indicam todos os trabalhadores que foram submetidos a condições análogas à de escravo.

Continuando, em 2014 foram realizadas 175 operações em 292 estabelecimentos, sendo encontrados 1.752 trabalhadores em condições análogas à de escravo[(220)]. Já em 2015, mostrando que o problema persiste, foram 143 operações, em 257 estabelecimentos, com 1.010 trabalhadores encontrados em condições análogas à de escravo[(221)].

Esses dados refletem somente aquilo que tomou conhecimento o Ministério do Trabalho. Quantos casos de trabalho não chegaram ao seu conhecimento? Impossível dizer, mas, com certeza, foram muitos, pois não é crível supor que todos os casos em que houve trabalho escravo foram denunciados e, assim, objeto de investigação.

Já há problemas suficientes então para que se continue a discutir o que é ou não trabalho escravo, quando ele ocorre ou não. Meu propósito foi contribuir para, se não encerrar as pendências existentes, pois isso não é possível — muito menos seria o meu texto capaz de fazer isso —, ao menos elucidar algumas questões, apresentando um roteiro que, quem sabe, permitirá nova visão a respeito.

E isso passa pelo entendimento adequado do art. 149 do Código Penal brasileiro, e dos bens que ele protege: a dignidade da pessoa humana, e a liberdade pessoal.

Passa, também, pelo fortalecimento do próprio art. 149 que, como defendi, é o dispositivo adequado para caracterizar e reprimir o trabalho em condições análogas à de escravo, no Brasil, sendo seu abandono, ou sua modificação, o maior retrocesso que se poderia ter, no momento, em relação a essa desprezível forma de conduta humana.

---

(219) Fonte: *Relatórios específicos de fiscalização para erradicação do trabalho escravo.* Disponível em: http://portal.mte.gov.br/data/files/8A7C816A45B26698014625BF23BA0208/Quadro%20resumo%20opera%C3%A7%C3%B5es%20T.E.%201995%20-%202013.%20Internet.pdf. Acesso em: 19 jun. 2014.

(220) Disponível em: file:///C:/Users/jclaudio/Downloads/Trabalho-Escravo-2014.pdf. Acesso em: 23 set. 2016.

(221) Disponível em: file:///C:/Users/jclaudio/Downloads/Trabalho-Escravo-2015.pdf. Acesso em: 23 set. 2016.

Referências

BENCHIMOL, Samuel. *Amazônia — formação social e cultural*. Manaus: Valer; Universidade do Amazonas, 1999.

BITENCOURT, Cezar Roberto. *Tratado de direito penal, 2*: parte especial: dos crimes contra a pessoa. 9. ed. São Paulo: Saraiva, 2009.

BITENCOURT, Cezar Roberto. *Tratado de direito penal*: parte geral. 15. ed. São Paulo: Saraiva, 2010.

BRITO FILHO, José Claudio Monteiro de. *Discriminação no trabalho*. São Paulo: LTr, 2002.

BRITO FILHO, José Claudio Monteiro de. Trabalho com redução à condição análoga à de escravo e dignidade da pessoa humana. *Genesis: Revista de Direito do Trabalho*, Curitiba, n. 137, p. 673-682, maio 2004.

BRITO FILHO, José Claudio Monteiro de. *Trabalho decente*. São Paulo: LTr, 2004.

BRITO FILHO, José Claudio Monteiro de. Caracterização jurídica do trabalho escravo por equiparação: análise do art. 149, § 1º, do Código Penal brasileiro. *Revista do Ministério Público do Trabalho em Mato Grosso do Sul*, Cuiabá, n. 6, p. 113-126, 2012.

BRITO FILHO, José Claudio Monteiro de. Dignidade da pessoa humana como fundamento para o combate ao trabalho em condições análogas à de escravo: a contribuição da 1ª Turma do Tribunal Superior do Trabalho no processo TST-RR-178000-13.2003.5.08.0117. *Revista do Tribunal Superior do Trabalho*, Brasília, ano 78, n. 3, p. 93-107, jul./set. 2012.

BRITO FILHO, José Claudio Monteiro de. *Trabalho decente*. 3. ed. São Paulo: LTr, 2013.

BRITO FILHO, José Claudio Monteiro de. Trabalho em condições análogas à de escravo: os bens jurídicos protegidos pelo art. 149 do Código Penal brasileiro. *Revista Jurídica da Presidência*, Brasília, v. 15, n. 107, p. 587-601, 2014. Disponível em: https://www4.planalto.gov.br/revistajuridica/copy3_of_vol-15-n-106-jun-set-2013/menu-vertical/artigos/artigos.2014-01-24.6908894754.

BRITO FILHO, José Claudio Monteiro de. *Ações afirmativas*. 3. ed. São Paulo: LTr, 2014.

BRITO FILHO, José Claudio Monteiro de. Caracterização do trabalho escravo no Brasil: perspectiva penal. *Repertório de Jurisprudência IOB*, v. II, p. 31-36, 2015.

BRITO FILHO, José Claudio Monteiro de. *Direito sindical*. 8. ed. São Paulo: LTr, 2019.

BRITO FILHO, José Claudio Monteiro de. *Trabalho decente*. 5. ed. São Paulo: LTr, 2018.

BRITO FILHO, José Claudio Monteiro de. *Trabalho decente*. 6. ed. São Paulo: LTr, 2023.

CAPEZ, Fernando. *Curso de direito penal, 2*: parte especial. 9. ed. São Paulo: Saraiva, 2009.

CASALDÁLIGA, Pedro. *Uma igreja da Amazônia em conflito com o latifúndio e a marginalização social*. São Félix-MT: mimeo, 1971.

CERQUEIRA, Gelba Cavalcante de e outros (orgs.). *Trabalho escravo contemporâneo no Brasil*: contribuições críticas para sua análise e denúncia. Rio de Janeiro: UFRJ, 2008.

COLUCCI, Viviane. A atuação do Ministério Público do Trabalho no combate ao trabalho infantil através dos fóruns temáticos. *Revista do MPT*, Brasília: Procuradoria Geral do Trabalho; São Paulo: LTr, n. 20, p. 74-84, setembro 2000.

Comissão Pastoral da Terra. *Trabalho escravo no Brasil contemporâneo*. São Paulo: Loyola; Goiânia: Comissão Pastoral da Terra, 1999.

COMPARATO, Fábio Konder. *A afirmação histórica dos direitos humanos*. São Paulo: Saraiva, 1999.

COMPARATO, Fábio Konder. *Estudos e problemas amazônicos*: história social e econômica e temas especiais. Belém: Instituto do Desenvolvimento Econômico-Social do Pará (IDESP), 1989.

FIGUEIRA, Ricardo Rezende. *Pisando fora da própria sombra*: a escravidão por dívida no Brasil contemporâneo. Rio de Janeiro: Civilização Brasileira, 2004.

FIGUEIRA, Ricardo Rezende e outras. *Escravidão:* moinhos de gentes no século XXI. Rio de Janeiro: Mauad X, 2019.

FIGUEIRA, Ricardo Rezende; PRADO, Adonia Antunes; SANT'ANA JÚNIOR, Horácio Antunes de (orgs.). *Trabalho escravo contemporâneo*: um debate transdisciplinar. Rio de Janeiro: Mauad X, 2011.

FIGUEIRA, Ricardo Rezende e outros (orgs.). *Privação de liberdade ou atentado à dignidade*: escravidão contemporânea. Rio de Janeiro: Mauad X, 2013.

FLEURY, Maria das Graças Prado. *Relações de emprego no campo*: as diversas formas de contratação e a reestruturação produtiva. Dissertação defendida no Curso de Mestrado em Direito Agrário da Faculdade de Direito da Universidade Federal de Goiás. Goiânia, 2010.

FRANCO FILHO, Georgenor de Sousa. Combate ao trabalho forçado. *O Liberal*, caderno Painel, p. 9, 9 de março de 2003.

GARCIA, Gustavo Filipe Barbosa. *Nova emenda acerta ao punir uso do trabalho análogo à escravidão*. Disponível em: http://www.conjur.com.br/2014-jun-08/gustavo-garcia-emenda-acerta-punir-uso-trabalho-analogo-escravidao. Acesso em: 10 jun. 2014.

GOMES, Ana Virginia Moreira e outros (Org.). *O centenário da Organização Internacional do Trabalho no Brasil*. Belo Horizonte: Virtualis, 2019.

GOMES, Luiz Flávio; MOLINA, Antonio García-Pablos de. *Direito penal*: parte geral. 2. ed. São Paulo: Revista dos Tribunais, 2009. v 2.

GOMES, Rafael de Araújo e outros. *A responsabilidade das instituições financeiras e a garantia dos direitos humanos*. Belo Horizonte; Fórum, 2018.

GRECO, Rogério. *Curso de direito penal*: parte especial. 5. ed. Niterói: Ímpetus, 2008. v. 2.

GRECO, Rogério. *Curso de direito penal*: parte geral. 14. ed. Rio de Janeiro: Ímpetus, 2012.

HUNGRIA, Nelson. *Comentários ao código penal (Decreto-Lei n. 2.848, de 7 de dezembro de 1940)*. 4. ed. Rio de Janeiro: Forense, 1958. v. VI, arts. 137 a 154.

KANT, Immanuel. *Fundamentação da metafísica dos costumes*. Tradução de Paulo Quintela. Lisboa: Edições 70, 2003.

LOPES, Cristiane Maria Sbalqueiro. *Direito de imigração*: o estatuto do estrangeiro em uma perspectiva de direitos humanos. Porto alegre: Núria Fabris, 2009.

LOUREIRO, Violeta Refkalefsky. *Amazônia*: estado, homem, natureza. 2. ed. Belém: Cejup, 2004.

MARCÍLIO, Maria Luiza e outro (coords.). *Cultura dos direitos humanos*. São Paulo: LTr, 1998.

MARTINS, José de Souza. *O cativeiro da terra*. São Paulo: Editora de Ciências Humanas, 1979.

MATTOS NETO, Antonio José; LAMARÃO NETO, Homero; SANTANA, Raimundo Rodrigues (orgs.). *Direitos humanos e democracia inclusiva*. São Paulo: Saraiva, 2012.

MELO, Luís Antônio Camargo de. Premissas para um eficaz combate ao trabalho escravo. *Revista do MPT*, Brasília: Procuradoria Geral do Trabalho; São Paulo: LTr, n. 26, p. 11-33, set. 2003.

MINISTÉRIO PÚBLICO FEDERAL — 2ª CÂMARA DE COORDENAÇÃO E REVISÃO. *Roteiro de atuação contra a escravidão contemporânea*. Brasília: MPF/2ªCCR, 2012.

NEVES, Débora Maria Ribeiro. *Trabalho escravo e aliciamento*. São Paulo: LTr, 2012.

NOCCHI, Andrea Saint Pastous; VELLOSO, Gabriel Napoleão; FAVA, Marcos Neves (orgs.). *Trabalho escravo contemporâneo*: o desafio de superar a negação. 2. ed. São Paulo: LTr, 2011.

NUCCI, Guilherme de Souza. *Código penal comentado*. 9. ed. São Paulo: Revista dos Tribunais, 2008.

ORGANIZAÇÃO INTERNACIONAL DO TRABALHO. *Declaração de princípios da OIT*: um novo instrumento para promover os direitos fundamentais. Guia de educação operária. 1. ed. Suíça: Repartição Internacional do Trabalho, 2000.

ORGANIZAÇÃO INTERNACIONAL DO TRABALHO. *Reducir el deficit de trabajo decente*: un desafío global. 1. ed. Genebra: Oficina Internacional do Trabalho, 2001.

ORGANIZAÇÃO INTERNACIONAL DO TRABALHO. *Anais da oficina trabalho escravo*: uma chaga aberta. Brasília: OIT, 2003.

ORGANIZAÇÃO INTERNACIONAL DO TRABALHO. *Perfil do trabalho decente no Brasil*. Brasília e Genebra: OIT, 2009.

ORGANIZAÇÃO INTERNACIONAL DO TRABALHO. *Documento final do Centenário da OIT*. Genebra — Suíça: Bureau Internacional do Trabalho, 2019. Disponível em: https://www.ilo.org/wcmsp5/groups/public/---europe/---ro-geneva/---ilo-lisbon/documents/publication/wcms_706928.pdf. Acesso em: 28 jan. 2019.

PALO NETO, Vito. *Conceito jurídico e combate ao trabalho escravo contemporâneo*. São Paulo: LTr, 2008.

PEREIRA, Cícero Rufino. *Efetividade dos direitos humanos trabalhistas*: o Ministério Público do Trabalho e o tráfico de pessoas: o protocolo de Palermo, a Convenção n. 169 da OIT, o trabalho escravo, a jornada exaustiva. São Paulo: LTr, 2007.

PIERANGELI, José Henrique. *Manual de direito penal brasileiro*. 2. ed. São Paulo: Revista dos Tribunais, 2007. v. 2: parte especial.

PINHO, Ana Cláudia Bastos de; GOMES, Marcus Alan de Melo (orgs.). *Direito penal e democracia*. Porto Alegre: Núria Fabris, 2010.

PRADO, Luiz Regis. *Direito penal*: parte especial — arts. 121 a 196. 2. ed. São Paulo: Revista dos Tribunais, 2008.

PRADO, Luiz Regis. *Bem jurídico-penal e constituição*. 6. ed. São Paulo: Revista dos Tribunais, 2013.

RABENHORST, Eduardo Ramalho. *Dignidade humana e moralidade democrática*. Brasília: Brasília Jurídica, 2001.

SANDEL, Michael. *Justiça* — o que é fazer a coisa certa. 4. ed. Rio de Janeiro: Civilização Brasileira, 2011.

SANTOS, Cleusa e outros (orgs.). *Estados da plebe no capitalismo contemporâneo*. São Paulo: Outras Expressões, 2013.

SANTOS, Roberto A. O. *História econômica da Amazônia*: 1800-1920. São Paulo: T.A. Queiroz, 1980.

SENA, Adriana Goulart de e outras (coords.). *Dignidade humana e inclusão social*: caminhos para a efetividade do direito do trabalho no Brasil. São Paulo: LTr, 2010.

SENTO-SÉ, Jairo Lins de Albuquerque. *Trabalho escravo no brasil*. São Paulo: LTr, 2000.

SOUZA, Márcio. *O empate contra Chico Mendes*. São Paulo: Marco Zero, 1990.

STF. *Revista Trimestral de Jurisprudência,* Brasília: STF, v. 224, abr./jun. 2013.

SÜSSEKIND, Arnaldo. *Convenções da OIT*. São Paulo: LTr, 1994.

VALENTE, Denise Pasello. *Tráfico de pessoas para exploração do trabalho*. São Paulo: LTr, 2012.

VELLOSO, Gabriel; FAVA, Marcos Neves (coords.). *Trabalho escravo contemporâneo*: o desafio de superar a negação. São Paulo: LTr, 2006.

VELLOSO, Gabriel; MARANHÃO, Ney (orgs.). *Contemporaneidade e trabalho* — aspectos materiais e processuais: estudos em homenagem aos 30 anos da Amatra 8. São Paulo: LTr, 2011.

VIANNA, Márcio Túlio e ROCHA, Cláudio Jannotti da (Org.). *Como aplicar a CLT à luz da Constituição*: alternativas para os que militam no foro trabalhista: obra em homenagem à Profa. Gabriela Delgado. São Paulo: LTr, 2016.

ZAFFARONI, Eugenio Raúl; PIERANGELI, José Henrique. *Manual de direito penal brasileiro*. 10. ed. São Paulo: Revista dos Tribunais, 2013. v. I: parte geral.